Das innere Kind

Wir zeigen Ihnen anhand verschiedener Methoden und Techniken, wie Sie ihr inneres Kind heilen

Die Persönlichkeitsexperten

Inhaltsverzeichnis

„Erst durch die Wiederentdeckung des Wesens

– unseres inneren Kindes –

werden wir zu einem liebes- und glücksfähigen Menschen."

(Sigrid Leo)

Vorwort

Das „innere Kind" wird im Volksmund oft als eine Art und Weise verstanden, sich ein wenig kindliches Verhalten zu bewahren. So soll der Körper und die Seele mehr Lebensfreude erfahren, wodurch der Betroffene im Allgemeinen wieder glücklicher sein wird.

Den Ursprung findet diese volkstümliche Weisheit in einem therapeutischen Konzept, das zwischen 1970 und 1990 entwickelt wurde. John Elliot Bradshaw war ein wahres Allround-Talent, das sich nach seinem theologischen sowie psychologischen Studium vor allem der persönlichkeitsentwickelnden und therapeutischen Forschung zuwendete. Unter dem „inner child" (deutsch: inneres Kind) versteht Bradshaw alle Gefühle, Erfahrungen und die daran geknüpften Erinnerungen, die jeder einzelne Mensch aus seiner eigenen Kindheit mit sich trägt.

John Eliot Bradshaw wurde im Jahre 1933 in Houston geboren und durchlebte eine schwierige Kindheit, die von Alkoholkonsum und häuslicher Gewalt geprägt war. Nachdem er zunächst Theologie studierte, legte er in Santa Monica seinen Master in Spiritual Psychologie ab. Bekannt wurde er durch seine einzigartigen therapeutischen Ausfertigungen, die in Zusammenhang mit der Persönlichkeitsentwicklung stehen.

Er prägte Begriffe wie „dysfunktionale Familie" oder auch das „Innere Kind".

Dazu gehören nicht nur die schönen Erinnerungen und Gefühle, sondern auch negative Empfindungen wie Angst, Wut, Traurigkeit, Einsamkeit etc.

Ausgehend von seinen Erfahrungen als Theologe sowie Psychologe beschreibt er den Zusammenhang zwischen den damals erlebten Empfindungen und dem „Ich" als Erwachsener. Demnach seien die in der Kindheit erlebten Gefühle, die noch nicht verarbeitet wurden, maßgeblich daran beteiligt, wie ein Mensch als erwachsene Person handelt und fühlt. John Eliot Bradshaw selbst schrieb dazu in seinem Buch: „Man kann nur heilen, was man fühlt" (Quelle: John Bradschaw, Wenn Scham krank macht: Verstehen und Überwinden von Schamgefühlen). Von dieser These ausgehend, stellte er einige Aspekte des Inner Childs wie folgt dar:

- Mit Meditation, Hypnose und anderen Methoden kann der Zugang zur verschlossenen Gefühlswelt geschaffen werden, um mit unverarbeiteten Erlebnissen abschließen zu können.

- Vor allem Scham sei ein zentraler Punkt in Bezug auf die dysfunktionalen Gefühle. Dabei unterscheidet er zwischen einer „gesunden" Scham und einer „kranken" Scham. Letzteres ist ein Gefühl, das ein Mensch aufgrund eines Erlebnisses falsch assoziiert und sich deshalb zum Beispiel übermäßig anpasst, extrem schüchtern wird oder unter massiven Selbstwertkomplexen leidet.

- Süchte im Erwachsenenalter sind maßgeblich auf Empfindungen sowie Erlebnisse der Kindheit zurückzuführen. Als Heilungsmethode unterstützt er das sogenannte Zwölf-Schritte-Programm.

Es gibt also einen klaren Unterschied zwischen dem „inneren Kind", wie es im allgemeinen Volksmund verstanden wird, und dem psychologischen Begriff des Inner Child. Gemeinsam haben beide die Auffassung, dass die in der Kindheit erlebten Gefühle und Situationen einen großen Einfluss darauf haben, ob eine Person als Erwachsener glücklich beziehungsweise rundum zufrieden sein kann. Sind deine negativen Erfahrungen des Inneren Kindes nicht aufgelöst, kann es dazu kommen, dass du unter Blockaden oder Ängsten leidest, die sich negativ auf dein Leben auswirken können.

„Die Entdeckung des verletzten Kindes in unserem Inneren stellt einen Aufdeckungsprozess dar. Du entwickelst dabei nicht nur deine persönliche Kraft, sondern rettest durch das Beschützen des verletzten Kindes in deinem Inneren auch seine spirituelle Kraft. Mit Hilfe dieser neu gewonnenen spirituellen Kraft kannst du deine Selbstschöpfung beginnen. Das ist deine wahre Heimkehr."

John Bradshaw, „Das Kind in uns"

Sich mit deinem Inner Child auseinanderzusetzen, ist für die Persönlichkeitsentwicklung beziehungsweise die Auflösung von Persönlichkeitsstörungen extrem wichtig.

In diesem eBook sollst du einen umfangreichen Eindruck davon bekommen, was das Innere Kind eigentlich bedeutet, welche Auswirkungen es auf dich als Individuum hat und wie du deine Schwierigkeiten überwinden kannst. Wahrscheinlich wirst du im Laufe dieses Buches einige Verhaltens- und Wesenszüge an dir selbst wiedererkennen, die dir selbst bisher noch gar nicht aufgefallen sind oder nur eine untergeordnete Rolle gespielt haben. Nach dieser Erkenntnis erfährst du konkrete Maßnahmen, wie sich dein Inneres Kind selbst heilen kann und wie du mit Problemen umgehen kannst. Als Letztes bekommst du einige Adressen und Tipps zu professionellen Hilfsangeboten, die dir dabei helfen, deine Persönlichkeitsstörungen verstehen zu können und diese aufzulösen.

Bitte beachte, dass dieses eBook eine Art der Selbsthilfe darstellt. Solltest du feststellen, dass deine Blockaden und Traumata sehr tiefgreifend sind, ist die Rücksprache mit einem Psychologen, Psychotherapeuten oder Psychiater ein absolutes Muss.

Nun wünsche ich dir viel Spaß beim Durchstöbern dieses Buches und viel Erfolg bei der Umsetzung der in den folgenden Kapiteln beschriebenen Methoden!

Dein Inneres Kind: die Grundannahmen

Jeder kam wohl schon in eine Situation, in der der Verstand völlig anderer Meinung war als das eigene Handeln. Manche Menschen nehmen solche Unstimmigkeiten sehr intensiv wahr, andere Personen hingegen merken es kaum, bis man sie darauf anspricht. Aus irgendeinem Grund scheint aus dem Mund etwas anderes herauszukommen, als der logische Menschenverstand eigentlich sagen möchte. Doch wieso tut man es dennoch?

Der Grund ist ganz einfach: Das Innere Kind sagt es dir. Ein kleiner emotionaler „Trigger" ist schon ausreichend, um ein bestimmtes Verhalten hervorzurufen, das wir seit Kindestagen an gewöhnt sind. Dabei macht es keinen Unterschied, wie alt eine Person ist oder welche Erfahrungen er/sie bereits gemacht hat. Es handelt sich vielmehr um einen Automatismus, der uns dazu zwingt. Dieser Automatismus findet seinen Ursprung in der Kindheit. Dinge, die eine Person damals erlebt hat beziehungsweise die damals automatisiert wurden, werden auch noch bis ins hohe Erwachsenenalter abgespielt. Das geschieht immer dann, wenn du als damaliges Kind „funktionieren" musstest.

Ich verwende an dieser Stelle bewusst den Begriff „funktionieren", denn das Kind hatte damals keine andere Wahl. Babys und Kinder sind davon abhängig, dass sie versorgt werden. Aus diesem Grund ist es ein natürlicher Instinkt, dass sie alles tun, um dem Versorger zu gefallen und ihn dazu zu bringen, sie zu versorgen. Dein Gehirn hat solche Erfahrungen abgespeichert. Logischerweise sind diese Erfahrungen viel älter als dein bewusstes „Ich" und dein erwachsener Verstand. Obwohl du es also heute besser wissen müsstest, fällst du immer wieder in deine Rolle des inneren Kindes zurück, wenn dein Gegenüber einen ganz bestimmten Trigger auslöst. Besonders häufig treten Anpassungs-strategien, die du in deiner frühen Kindheit erlernt hast, zum Vorschein, wenn du für etwas einstehen musst.

Andererseits kann das Innere Kind aber auch aufgrund schöner Erfahrungen in Erscheinung treten. So hat der Satz „Es ist nie zu spät für eine glückliche Kindheit" einen großen Wahrheitsgehalt. Du kannst jederzeit die glücklichen Momente deiner Kindheit wiederaufleben lassen oder schwierige Momente verarbeiten, wenn du dir diese nur bewusst machst. Mit dem Hervorholen schöner Erlebnisse kannst du ungeahnte Ressourcen in dir anzapfen, um dich weiterzuentwickeln und ganz neue Seiten an dir zu entdecken. Besonders stark kannst du in diesem Zusammenhang Neugier, Begeisterung, Spontanität, Anpassungsfähigkeit und Staunen erneut erleben. Es hilft dir also, dich wieder für mehr Dinge zu begeistern und neue Lebensfreude zu erlangen. Zudem kannst du dadurch Verbissenheit loswerden.

Es lassen sich also zwei Arten feststellen: das geliebte und das ungeliebte Innere Kind. Nachfolgend sollen nochmals die Unterschiede klar dargestellt werden. Wichtig ist diese Unterscheidung für die spätere Behandlung, denn abhängig davon, welches Ziel du verfolgst, solltest du dich mit einer der beiden Arten intensiver beschäftigen als mit der Anderen.

Das geliebte Innere Kind

Dieses Kind ist die lebendige Seite, die sich durch positive Eigenschaften und Erinnerungen ausdrückt. Das sind Offenheit, Begeisterung, Neugierde, Spontanität etc. Ihm fällt es sehr einfach, Verantwortung für das eigene Handeln zu übernehmen.

Das ungeliebte Innere Kind

Das ungeliebte bzw. abgelehnte Innere Kind fällt im Allgemeinen eher durch unbeliebte Merkmale auf. Ärger, Neid, Traurigkeit, Angst oder Scham sind einige dieser Züge. Personen, deren ungeliebtes Inneres Kind überwiegt, suchen mehr nach Bestätigung und sind von anderen Menschen sehr abhängig.

Das Innere Kind speichert also alles ab, was du in deinen jungen Jahren erlebt hast, welche Gefühle du empfunden hast und wie du dich verhalten musstest. Es prägt sich also in dein Unterbewusstsein ein und verweilt dort ein Leben lang. Sind das überwiegend positive Erinnerungen, wirst du wahrscheinlich ein sehr sicherer und selbstbewusster Erwachsener sein. Hast du allerdings mit dem ungeliebten Kind in dir zu tun, solltest du dich mit diesem auseinandersetzen, um die verlorenen Kindheitsjahre nachzuholen und deine Seele zu heilen. Dabei gilt immer der Grundsatz: Das Innere Kind in dir muss seine Heimat finden, Wurzeln schlagen und sich entfalten können.

Therapeuten gehen davon aus, dass durch die Beschäftigung mit dem Inneren Kind die Ursprünglichkeit wieder hervorkommen kann. Die Eigenschaften, die jedes Lebewesen bei der Geburt mitbringt, können wieder in Erscheinung treten und sich voll entfalten. Dazu gehört vor allem die Natürlichkeit der eigenen Empfindungen und des eigenen Seins. Der Glaube an das Gute im Menschen ist ein essenzielles Kernelement von Liebe, Unbesorgtheit und Freude.

Wie wirkt sich das Innere Kind auf die eigene Persönlichkeit, die Entscheidungen und das Verhalten aus?

Ein Kind ist sehr rein und unschuldig. Wahrscheinlich deshalb kommt es vielen Erwachsenen so naiv und dumm vor. Doch eigentlich steckt dahinter viel mehr: nämlich der Wunsch zu überleben sowie zu lernen. Kinder besitzen eine viel schnellere Auffassungsgabe als Erwachsene. Nur so ist es ihnen möglich, innerhalb weniger Monate beziehungsweise Jahre ganz alltägliche Dinge wie das Laufen, Sprechen, Rechnen, Schreiben und vieles mehr zu erlernen. Des Weiteren gehören folgende Charakteristika zu einem Kleinkind:

	Merkmale
Hingabe & Neugierde	Hingabe und Neugierde sind die Grundpfeiler des Entdeckungs- und Lerndrangs der Menschen. Nur so sind Lebewesen in der Lage, neue Dinge zu erforschen und sich auch mit schwierigen Fragestellungen auseinanderzusetzen. Im Laufe des Lebens nimmt bei vielen Menschen die Neugierde ab oder kanalisiert sich in eine Richtung, die wenig produktiv ist. Behältst du die Hingabe & Neugierde deines Inneren Kindes bei, kannst du dich schneller auf neue Situationen einlassen und dadurch Fragestellungen klären, mit denen andere Menschen zu kämpfen haben.

	Merkmale
	Vor allem in der Arbeitswelt ist das ein großer Vorteil, denn so kannst du mit Hingabe dein volles Potential ausschöpfen.
Spontanität	Spontanität wird in der Gesellschaft im Allgemeinen als eine sehr gute Eigenschaft gewertet. Menschen, die spontan sind, können schnell auf sich verändernde Situationen reagieren, ohne dabei aus dem emotionalen Gleichgewicht zu geraten. Sie haben meist eine recht schnelle und gut ausgeprägte Lösungskompetenz, was sowohl im Privat- als auch im Berufsleben von Vorteil ist. In der Kindheit sind alle Menschen spontan. Kinder planen nicht voraus, sondern leben von Tag zu Tag. Sehr kleine Kinder können sogar nur im Hier und Jetzt (von Stunde zu Stunde) abschätzen, was passiert.

	Merkmale
Intuition	Die Intuition half den Menschen schon vor Tausenden von Jahren beim Überlebenskampf. Kinder wissen intuitiv, wann es Mama und Papa nicht gutgeht. Viele Kinder haben sogar einen wahren Sinn dafür, welcher Mensch „böse" und welcher „gut" ist. Im Laufe der Zeit verlieren die meisten Personen ihre Intuition, da sie schlichtweg in unserer heutigen Gesellschaft nicht mehr angewandt wird. Wir bekommen beigebracht, dass wir unsere Entscheidungen logisch begründen sollen, anstatt intuitiv zu handeln. Doch oftmals ist ein Bauchgefühl mehr wert als logische Begründungen. Viele Menschen – auch schon sehr erfolgreiche – hatten ein schlechtes Bauchgefühl bei Entscheidungen, die sie mit dem Verstand getroffen haben. Die richtige Waage zu finden und seine Intuition gut ausprägen zu können, ist bei der Beschäftigung mit dem Inneren Kind von Bedeutung.

	Merkmale
Liebe und Glaube	Liebe und Glaube sind essentiell wichtig für die Entwicklung eines Kindes. Nur, wer sich geliebt fühlt und an das Gute im Menschen glauben kann, hat eine Chance, offen die Welt zu erkunden. Gestört werden kann diese Einstellung des Inneren Kindes durch verschiedene Faktoren. Üblicherweise wird es durch ein nichtliebendes Elternteil, Misshandlung, schlechte Erfahrungen und leistungsorientierte Liebe negativ beeinflusst. Der Glaube an das Gute im Menschen wird in der heutigen Gesellschaft eher als „naiv" bezeichnet. Verständlich, immerhin werden immer mehr Kriminalfälle und Betrügereien öffentlich, was es sehr schwierig macht, an das Gute zu glauben. Liebe ist der Grundstein für ein glückliches Leben, denn jemand, der nicht liebt, kann auch nicht das Schöne in der Welt sehen. Liebe kann einen anderen Menschen und dich selbst betreffen. Die Selbstliebe gibt dir die Kraft, schwierige Situationen zu überstehen. Durch den Glauben an das Gute im Menschen bist du fähig, neue Kontakte zu knüpfen, die zu einer Freundschaft oder einer Liebe heranwachsen können.

Diese Kernelemente sind für eine gesunde Entwicklung absolut notwendig. Geraten sie allerdings ins Ungleichgewicht, passt sich das Kind an und verroht oft. Wobei „Verrohung" in diesem Zusammenhang nicht bedeutet, dass das Kind bewusst einige dieser Eigenschaften unterdrückt, sondern vielmehr gelernt hat, für das Überleben und die Liebe einige der eigenen Bedürfnisse zurückzuschrauben.

Die Kernaussage liegt also darin, dass du als Erwachsener so reagierst, wie du es als Kind erlernen musstest. Derartige Angewohnheiten und Ängste lassen sich nur schwer wieder abbauen, es sei denn, du beschäftigst dich mit diesem Inneren Kind in dir und gibst ihm wieder eine gesunde, fürsorgliche und liebevolle Heimat.

Das Innere Kind innerhalb einer Beziehung

Einen extrem großen Einfluss hat das Innere Kind auf die Beziehungen, die jeder einzelne Mensch führt. Das kann sowohl die Beziehung zu Fremden als auch zu Freunden oder Partnern sein. Natürlich ist davon auch die eigene Familie betroffen. Überwiegt vor allem das geliebte Kind in dir, wird es dir sehr leichtfallen, Beziehungen aufzubauen und neue Kontakte zu knüpfen. Überwiegt hingegen das ungeliebte/ abgelehnte Innere Kind, wirst du wahrscheinlich mehr oder weniger starke Einschränkungen in diesen Bereichen feststellen. Eventuell sind dir diese Auswirkungen noch gar nicht aktiv bewusst. Wenn du allerdings darüber nachdenkst, wirst du schnell einige Übereinstimmungen mit dir selbst feststellen können.

Nachfolgend findest du einige Anmerkungen, wie sich das Innere Kind in dir auf die Teilbereiche Kommunikation und Sexualität innerhalb einer Beziehung auswirken kann. Natürlich betrifft es noch weitere Bereiche, z.B. die Rollenverteilung, Kontrolle etc. Doch sowohl Kommunikation als auch Sexualität sind Kernbereiche, mit denen viele Menschen zu kämpfen haben.

Die Kommunikation

Die Kommunikation spielt im Leben eines Erwachsenen eine immens große Rolle, wobei ein reflektierendes, ruhiges und wohlbedachtes Verhalten erwartet wird. Erwachsene Menschen sollen sich möglichst gebildet ausdrücken. Schimpfwörter sind verpönt. In einigen Kulturen ist auch das Staunen über eine Sache oder das Lachen eine Art der Ausdrucksweise, die nur Kindern zusteht.

<u>Was macht das mit unserer Psyche und unserer Seele?</u>

Tut man doch eine der oben beschriebenen Dinge, so wird man häufig von anderen Personen verpönt, verspottet, gemieden oder zurechtgewiesen. Oft versteht der Betroffene im ersten Moment nicht, wieso er nun solche Reaktionen erfährt. Immerhin hat er sich doch nur an einer Sache erfreut, gelacht oder auch seine Wut ausgedrückt. Es kommt also ein Missverständnis zum Vorschein, das erst durch starke Reflexion wieder behoben werden kann. Wird ein Mensch sehr häufig zurechtgewiesen oder ausgelacht, wird er sich im Laufe der Zeit ändern. Er wird lernen, seine Emotionen nicht mehr zu zeigen, denn nach seinem Verständnis sind sie etwas Schlechtes. Das kann im Laufe der Zeit sogar zu einer psychisch schwerwiegenden Erkrankung wie Depression, Schizophrenie oder Ähnlichem führen.

<u>Wie kann sich das Innere Kind in punkto Kommunikation besser entfalten?</u>

Innerhalb einer Beziehung sollten durchaus einige Grundregeln für die Kommunikation gelten. Dazu gehört zum Beispiel, dass man sich gegenseitig nicht anschreit oder beleidigt. Störende Faktoren sollten immer aus der „ich"-Perspektive formuliert werden, sodass sich der Partner/die Partnerin nicht angegriffen fühlt. Menschen, die ein ungeliebtes Inneres Kind mit sich tragen, können sich meist nur schwer öffnen und neigen eher dazu, ihre Empfindungen aufzustauen, zu schreien oder zu beleidigen. Daran sollte diese Person auf jeden Fall arbeiten, eventuell auch mit der Unterstützung des Partners.

Dennoch muss auch eine gewisse Akzeptanz für die Ausdrucksweise des jeweils anderen vorhanden sein. Während einige Menschen eher verschlossen sind, können sich andere Menschen sehr hingebungsvoll äußern. Ziel ist es deshalb, dem Partner das Gefühl zu vermitteln, dass er seine Empfindungen klar und in seiner eigenen Weise ausdrücken kann – unter der Voraussetzung der oben beschriebenen Grundregeln der Kommunikation. Menschen mit einem geliebten Inneren Kind fällt das im Regelfall sehr einfach. Sie beherrschen es, sich so auszudrücken, dass sich das Gegenüber nicht gekränkt fühlt.

Die Sexualität

In punkto Sexualität kommt die Tragweite des Inneren Kindes beziehungsweise des Inneren Teenagers besonders zum Ausdruck, denn von den kindlichen sowie pubertären Erfahrungen mit dem eigenen Körper und der eigenen Sexualität wird das komplette Leben geprägt. Zu solchen Erfahrungen gehört die Neugierde, das allgemeine Körperbewusstsein, der Umgang mit Nacktheit und auch Doktorspiele. Sind vor allem Letztere im Erwachsenenalter sehr eng mit dem Liebesakt an sich verbunden, handelt es sich im Kindesalter um ein unschuldiges Spiel. Konntest du diese Dinge in deiner Kindheit ausleben, wirst du wahrscheinlich eine sehr ausgeglichene und erfüllende Sexualität haben. Du kennst deinen Körper und kannst dich auch auf die Vorlieben deines Sexualpartners gut einstellen.

Interessant in diesem Zusammenhang ist auch der Innere Teenager, der nach wie vor auf Anerkennung hofft. Das kann eine normale Anerkennung der Eltern sein oder aber eine Anerkennung, die vom damaligen Sexualpartner nicht gewährt wurde. Sollte dies der Fall sein, wirst du wahrscheinlich auch als Erwachsener noch sehr extreme und ausgefallene Sexualvorstellungen haben, die nach dem Motto „Je extremer, desto besser" stattfinden. Du wirst dein Selbstbewusstsein über die Bewunderung, die dir dein Sexualpartner zukommen lässt, definieren. Bei Männern ist das meist ein übermäßig häufiges Bedürfnis nach Sex oder der Wunsch nach sehr vielen Sexualpartnern. Bei Frauen äußert sich der Innere Teenager meist noch bis ins hohe Alter darin, dass sie sich extrem „jung", aufreizend und sexy anzieht.

Das Problem ist also, das die betroffenen Personen meist an der falschen Stelle nach einer Lösung suchen. Nach wie vor versuchen sie, Bestätigung von Dritten zu erhalten, was schlussendlich in einem Teufelskreis mündet. Besser ist es, wenn du dich auf dich selbst konzentrierst, denn dein Inneres Kind muss Heimat finden und zwar in dir. Wie du das anstellst, erfährst du im Kapitel „Die Auseinandersetzung mit dem Inneren Kind". Zunächst möchte ich aber nochmals tiefer in die Problematik eintauchen, die ein Ungleichgewicht zwischen dem geliebten und dem ungeliebten Inneren Kind mit sich bringt.

Das Problem mit dem Inneren Kind

Wenn das Innere Kind noch weiterhin mit Erinnerungen und Erfahrungen negativer Situationen zu kämpfen hat, wirkt sich das also auch auf dich als erwachsene Person aus. Das zeigt sich in vielen Lebenssituationen. So kann ein Erwachsener Trotzverhalten zeigen oder in Tränen ausbrechen, wenn er bestimmten Situationen ausgesetzt wird. Logisch, dass sich das auch auf die Erziehung deiner eigenen Kinder und sogar auf deine Partnerschaft auswirkt. Zudem kann auch der berufliche Werdegang darunter leiden, denn nur zu oft lässt sich ein Zusammenhang zwischen dem inneren Kind und zu wenig Durchsetzungsvermögen, Unzuverlässigkeit sowie vielen anderen Eigenschaften erkennen.

Michael Mary, ein anerkannter Autor auf dem Gebiet der Psychologie, ist der Überzeugung, dass das Thema und die damit verbundenen Probleme des Inneren Kindes mittlerweile in der Gesellschaft angekommen und Gehör gefunden haben. Während es früher noch belächelt wurde, nehmen die meisten Menschen heutzutage unverarbeitete Kindheitserfahrungen ernst und setzen sich damit auseinander. Du selbst machst mit diesem Buch zum Inneren Kind den ersten Schritt hin zu einer erfüllten zweiten Kindheit und damit auch zu einem erfüllten Erwachsenenleben. Im Gegensatz zu vielen Meinungen wird nämlich das Handeln zum Großteil von Gefühlen und Emotionen bestimmt. Der Verstand spielt nur eine Nebenrolle. Viele Experten sind sogar der Meinung, dass bereits drei Sekunden nach einer Fragestellung die gefühlsmäßige Entscheidung einer Person feststeht. Das berühmte „eine Nacht drüber schlafen" ist also aus emotionaler Sicht vollkommen unnötig, kann dir aber dabei helfen, dich auf eine logische Art und Weise mit der Fragestellung auseinanderzusetzen. Es ist wichtig, einen klaren Blick auf ein Thema zu werfen.

Das Innere Kind sei ein Begriff für das Fühlen und Erleben eines Menschen, das im Laufe seines Lebens entstanden ist, so Michael Mary. Es befindet sich in der Psyche und ist mehr eine Vielzahl aus erlernten Verhaltensweisen. Während der Beschäftigung mit deinem Inneren Kind sowie der eigenen Persönlichkeit und Geschichte ist die Vorstellung eines Kindes in dir drinnen deutlich greifbarer als die Auseinandersetzung mit einem abstrakten psychischen Gebilde. So wird es dir deutlich einfacher fallen, dich mit deinen Verhaltensweisen selbstkritisch und reflektierend auseinanderzusetzen und daran zu arbeiten. Du siehst dadurch nicht auf ein Fehlverhalten deines Selbst, sondern kannst die „Verantwortung" für das Fehlverhalten ein Stück weit abgeben und als außenstehende Person auf das Innere Kind blicken.

Was bringt die Beschäftigung mit dem Inneren Kind?

Das Innere Kind ist also maßgeblich daran beteiligt, wie du auf bestimmte Situationen reagierst. In den meisten Fällen sind Ängste und Verunsicherungen in der Kindheit so stark ausgebildet worden, dass es beim Auslösen eines Triggers immer noch zu starken Gefühlsausbrüchen kommen kann. Hier einige der häufigsten Beispiele, die das Innere Kind der Menschen schnell aus der Bahn werfen können:

- Du verlierst deinen Job und weißt nicht mehr, wie es weitergehen soll. Für dich bzw. dein Inneres Kind fühlt es sich so an, als würde dein Leben zu Ende sein, denn du siehst zunächst keine Perspektive. Die Folge daraus können Unlust, Verzweiflung, Ängste und sogar Depressionen sein. Das Kind in dir weiß nicht, wie es mit einer sich plötzlich veränderten Zukunft umgehen und mit den Problemen fertigwerden soll.

- Du siehst, dass dein Lebensgefährte/deine Lebensgefährtin mit einer anderen Person intensiv kommuniziert oder vielleicht sogar ein wenig flirtet. Das kann der Trigger für Verlustängste sein. Das Kind in dir fürchtet, einen geliebten Menschen zu verlieren und fühlt sich selbst ungeliebt. Vielleicht hast du ja selbst in deiner Kindheit Zurückweisung erfahren von einem Menschen, der dir sehr wichtig war. Die Folge daraus ist, dass du übermäßig emotional mit starker Eifersucht reagierst. Eventuell bricht es sogar im selben Moment (in der Öffentlichkeit) aus dir heraus. Du steigerst dich immer weiter in die Situation hinein, machst deinem Partner/deiner Partnerin Vorwürfe oder trennst dich sogar von ihm/ihr. Das ist die Reaktion eines verletzten Kindes, das Angst davor hat, noch einmal verletzt und abgewiesen zu werden. Lieber tritt es selber den Rückzug an und schiebt andere Personen von sich weg, als sich den eigenen Gefühlen zu stellen.

Solche Verhaltensmuster haben ihren Ursprung also in der Vergangenheit. Als Kind hast du viele Situationen machtlos ansehen müssen und warst in deiner psychisch-emotionalen Entwicklung bei weitem noch nicht ausgereift. Heute als Erwachsener sieht deine Position anders aus. Du kannst aktiv Einfluss auf dein Leben nehmen und dich selbst steuern. Der erste Schritt ist dabei die Auseinandersetzung mit deinen Gefühlen sowie Erfahrungen, die dich noch immer in Form des Inneren Kindes beeinflussen. Der Trick bei der Arbeit mit dem Inneren Kind ist es, die scheinbaren Wahrheiten, die derzeit noch unbewusst in deiner Psyche festsitzen, an die Oberfläche zu bringen. So kannst du sie besser einordnen und die entsprechenden Situationen bzw. Trigger neu bewerten. Du wagst also einen kritischen Blick auf deine Erfahrungen und deine damit verbundenen Reaktionen. Michael Mary sagte dazu einst:

„Wer glaubt, was geschehen ist, wäre vorbei, irrt in vielen Fällen gewaltig." Seiner Meinung nach ist zwar das Ereignis von damals vorbei und kann nicht mehr rückgängig gemacht werden. Allerdings kannst du dich mit den aus dem Ereignis geschlossenen Schlüssen auseinandersetzen und diese neu erfahren. Du musst sie auf ihre Aktualität und Gültigkeit bewerten. In den meisten Fällen wirst du schnell zu dem Schluss kommen, dass du in deiner jetzigen Situation ganz anders handeln kannst als damals. Es geht also darum, dass du Verstand und Gefühl in Einklang miteinander bringst.

Für die Auseinandersetzung mit dem Inneren Kind, um deine Persönlichkeit zu stärken, brauchst du grundsätzlich keinen Therapeuten. Mit den Grundlagen, die du in diesem Buch erfahren und erlernen wirst, kannst du verschiedene emotionale Zustände selbstständig bewerten sowie neu ordnen. Eine Fachkraft sollte allerdings immer dann zurate gezogen werden, wenn du an einer sehr traumatischen Erfahrung arbeiten möchtest. Belastet dich ein Thema stark, mit dem du auch nach mehreren Wochen Arbeit mit den im Kapitel „Die Auseinandersetzung mit deinem Inneren Kind" beschriebenen Methoden nicht zurechtkommst, solltest du eine Fachkraft konsultieren. Entsprechende Anlaufstellen findest du im Kapitel „Professionelle Hilfe – Therapie-möglichkeiten".

Im folgenden Kapitel wirst du die typischen Probleme kennenlernen, die durch unverarbeitete Emotionslagen des Inneren Kindes verursacht werden. Dabei wird nicht nur auf die Ausgangssituation eingegangen, sondern vor allem auf die Folgen. Vielleicht erkennst du dich in einigen dieser Persönlichkeitsstrukturen wieder. Durch das Erkennen deines Fehlverhaltens beziehungsweise die Einsicht wirst du im nächsten Kapitel gut an dir arbeiten können.

Blockaden & Ängste durch negative Erfahrungen

Blockaden und Ängste sind im Grunde etwas vollkommen Normales und sogar hilfreiches Beiwerk, um den Alltag zu meistern. Sie schützen dich davor, gefährliche Situationen bewusst hervorzurufen. Schwierig wird es, wenn alltägliche Aufgaben zu einer Herausforderung oder zu einem wahren Graus werden. In einem solchen Fall werden eigentlich harmlose Situationen als gefährlich empfunden. Zurückzuführen ist es oft auf das Innere Kind, das in der Vergangenheit eine Erfahrung gemacht hat, die dich noch heute in deinem Leben beeinträchtigt. So kann zum Beispiel der Ausflug auf einem Boot oder der Gang zum Supermarkt eine echte Herausforderung sein.

Obwohl ich in diesem Kapitel sowohl Blockaden als auch Ängste anspreche, sollte dennoch zwischen ihnen differenziert werden. Nachfolgend findest du einige Charakteristika, in welchen Punkten sich die Angst von der Blockade unterscheidet:

- Eine Blockade kann im Regelfall nicht mit einem bestimmten Auslöser verbunden werden. Die Angst hingegen lässt sich meist eindeutig zu einer Erfahrung zuordnen, die du in der Vergangenheit gemacht hast. Dabei ist es irrelevant, ob diese Angst rational begründet werden kann oder eine Überreaktion vorhanden ist.

- Die Blockade passiert plötzlich und ohne Vorwarnung. Die Angst baut sich langsam auf oder kann bereits im Voraus erwartet werden.

- Während einer Blockade ist dein Denkvermögen stark beeinträchtigt, dennoch aber möglich. Kreative Menschen neigen zudem dazu, sich einer Fantasie oder einem Tagtraum hinzugeben, um sich von der auslösenden

Situation abzulenken. Bei einem akuten Angstanfall überschlagen sich deine Gedanken und können im Regelfall nicht mehr geordnet werden. Dennoch drehen sie sich immer wieder um das angstauslösende Thema.

- Die Handlungsfähigkeit ist während einer Blockade stark eingeschränkt. Der Körper reagiert mit einer Schockstarre, die sich auf alle Sinne und motorischen Fähigkeiten auswirkt. Ein Angstzustand wird normalerweise durch Handlungsspielraum aufgelöst. Du entziehst dich der Situation oder stellst dich dieser. Nur in den wenigsten Fällen ist eine angstbehaftete Person komplett wehrlos. Leider werden meist die falschen Handlungen ausgeführt, sodass der Angstzustand nochmals verstärkt wird.

- Begleitend mit der Handlungsunfähigkeit tritt eine Art Ohnmacht auf, durch die du deine Umwelt nur noch gedämpft wahrnimmst. Einige Betroffene beschreiben dieses Gefühl auch als eine Art Drogenrausch oder Schwebezustand. Ein Angstzustand hingegen sorgt dafür, dass deine Sinne geschärft und nach außen fokussiert sind. Du bist ständig auf der Hut nach neuen Informationen, um entsprechend reagieren zu können.

- Eine Blockade wird vom Betroffenen als passiv empfunden, wohingegen die Angst als eine aktive, angespannte Zeitspanne wahrgenommen wird.

- Eine Blockade ist extrem anstrengend und verlangt Körper und Geist so einiges ab. Nach der akuten Blockadesituation fühlt sich die betroffene Person deshalb sehr schlapp und möchte sich meist zurückziehen. Nach einer Angstsituation ist dein Körper auf Hochtouren, weshalb du wahrscheinlich einen starken Bewegungsdrang und Ruhelosigkeit verspürst.

- Nach einer Blockade wirst du dich meist nur an Bruchstücke der Situation erinnern können. Einen Angstzustand nimmst du sehr bewusst wahr und kannst dich danach im Regelfall gut daran erinnern. Die Erinnerungen sind sehr kontrastreif.

Der wohl größte Unterschied besteht darin, dass sich die Angst sehr einschränkend und störend anfühlt. Die Blockade hingegen ist eine Art Schutzmechanismus, der von der betroffenen Person auch dementsprechend wahrgenommen wird. Dieses Empfinden wirkt sich auch auf das Auflösen der Blockade aus. So wird das „Bekämpfen" einer Blockade meist als unangenehm und sinnlos empfunden. Beim Versuch, die Blockade aufzulösen, kann der Sog noch stärker werden, weshalb ein professionelles Vorgehen notwendig ist. Auch bei der Angst sollte ein professionelles Vorgehen gewählt werden, allerdings verspürst du diesbezüglich einen stärkeren inneren Drang und bist deshalb motivierter. Dein Durchhaltevermögen ist deutlich besser. Angst und Blockaden können auch gleichzeitig auftreten, was zu einer starken Belastung für den Betroffenen werden kann. Die Gefühle sowie Wahrnehmungen und die Reaktionen spielen dann meist komplett verrückt.

Woher stammen mentale Blockaden und Ängste?

Blockaden sowie Ängste können durch Erziehung, Erfahrung oder Vererbung entstehen. Dabei sind vor allem sehr einschneidende bzw. traumatische Erlebnisse von Bedeutung, die während deiner frühen Kindheit stattfanden. Du konntest diese nicht verarbeiten, da du zu jenem Zeitpunkt noch keine ausreichende mentale, kognitive oder psychische Reife erlangt hattest.

Zudem kann man in Sachen Angst zwischen zwei Arten unterscheiden: Da ist die kollektive Angst, die von einer großen Menschengruppe empfunden wird und nur in den seltensten Fällen einem bestimmten Auslöser zugeordnet werden kann. Typisch für die kollektive Angst ist zum Beispiel, sich vor Krankheit oder dem Tod zu fürchten. Auch der Jobverlust oder die Angst vor Gewalt zählt dazu. Die zweite Angstart ist die generationenübergreifende oder vererbte Angst. Verschiedene Studien zeigen, dass eine tiefsitzende Angst von den Eltern, Großeltern oder sogar den Urgroßeltern auf die jüngste Generation übertragen werden kann. Selbes gilt für psychische Erkrankungen – vor allem in Bezug auf ein Suchtverhalten.

Die Herkunft deiner Angst oder deiner Blockade spielt für den späteren Kontakt mit deinem Inneren Kind eine große Rolle, da verschiedene Heilungsmöglichkeiten in Betracht kommen können. Bei vererbten Ängsten/Blockaden ist ein Zugriff häufig nur mittels Hypnose möglich, während bei der erlernten Angst/Blockade sich die betroffene Person deren meist sehr bewusst ist.

Wie wirken sich mentale Blockaden und Ängste auf dein Leben aus?

Ängste und Blocken haben ähnliche Auswirkungen auf dein Inneres Kind und damit auch auf dein Leben. Sie schränken dich massiv in deinen Ressourcen ein oder verhindern, dass du dein volles Potenzial zeigst. Abhängig davon, in welchem Bereich deine Ängste und Blockaden angesiedelt sind, können verschiedene Lebensbereiche eingeschränkt sein. Zu den häufigsten Ängsten sowie Blockaden des Inneren Kindes zählen folgende:

Öffentliche Reden bzw. Präsentationen

Präsentationen, Referate, Reden – für viele Menschen ist das ein wahrer Albtraum, dem man aber weder in der Schule noch im Berufs- oder Privatleben entgehen kann. Doch wusstest du, dass dahinter eine tiefe Angst deines Inneren Kindes steckt? Oft hängt diese Angst mit einer Ablehnung zusammen, die die betroffene Person in der Kindheit erlebt hat – sei es innerhalb der eigenen Familie oder in der Schule.

Es anderen Menschen immer recht machen wollen

Möchtest du es anderen Menschen immer recht machen und vergisst dich dabei selbst? Dann hängt das eng mit deinem Selbstwertgefühl zusammen. Aus irgendeinem Grund denkt dein Inneres Kind, es muss mehr auf andere Menschen achten als auf sich selbst, was ein fataler Fehler ist. Du opferst dich nicht nur Dritten, du hast auch verlernt, auf deine eigenen Bedürfnisse zu achten. Ein solches Verhalten wird meist durch eine gedeckte Angst gesteuert. Du versuchst, es allen recht zu machen, da du Angst hast, nicht akzeptiert oder angefeindet zu werden. Da du dieses Verhalten bereits verinnerlicht hast, merkst du selbst gar nicht, wie du auf entsprechende Situationen reagierst und wie sehr du dich selbst darin verlierst.

Schwierig wird es, wenn dein Inneres Kind die Angst deckelt. Das bedeutet, dass du im Unterbewusstsein bestimmte Mechanismen bzw. Angewohnheiten entwickelst, die zu einer Vermeidung des Angstgefühls führen. Du unterdrückst also indirekt deine Gefühle oder vermeidest gänzlich entsprechende Situationen, die Ängste hervorrufen könnten.

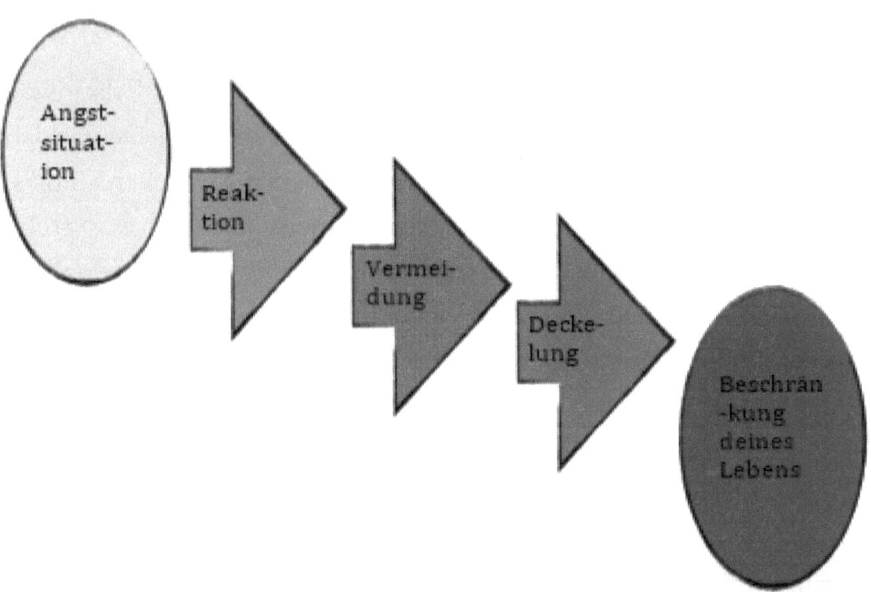
Angst-
situat-
ion
Reak-
tion
Vermei-
dung
Decke-
lung
Beschrän
-kung
deines
Lebens

Depressionen aus Kindheitstagen

Eine Depression ist eine schwerwiegende psychische Erkrankung, die auf vielfältige Art in Erscheinung treten kann. In Deutschland leiden Schätzungen zufolge etwas vier Millionen Menschen an dieser Erkrankung, die ihren Ursprung meist schon in frühen Kindheitstagen findet. Dabei trifft es nicht nur eine Personengruppe eines bestimmten Alters. Vielmehr ist die Depression ein generationsübergreifendes Phänomen. Das große Problem mit der Depression ist, dass sie sich langsam aufbaut und mit der Zeit immer stärker wird. Anfangs sind betroffene Person hin und wieder mal schlecht gelaunt. Diese Phasen werden irgendwann immer länger, bis man auch körperliche Symptome wie Abgeschlagenheit wahrnimmt. Am Höhepunkt angelangt, leiden depressive Menschen dann unter Suizidgedanken, die von circa 10 - 15 % aller Betroffenen auch umgesetzt werden. Warum Depressionen noch immer ein Tabuthema in unserer Gesellschaft sind, ist nur schwer nachzuempfinden. Dadurch werden die häufigsten Symptome oft zu spät erkannt:

- depressive Verstimmungen, aber keine Trauer;

- Freudlosigkeit und Verlust jeglicher Interessen;

- Antriebslosigkeit und starke Müdigkeit;

- Suizidgedanken;

- Appetitlosigkeit oder extremer Appetit;

- Schlafstörungen;

- emotionales Ungleichgewicht (Betroffene fahren schnell aus der Haut);

- pessimistische Zukunftsvorstellungen;

- geringes Selbstwertgefühl;

- Konzentrations-, Sprach- und Aufmerksamkeitsprobleme.

Bitte beachte, dass nicht alle diese Symptome auftreten müssen. Gleichzeitig können auch noch psychosomatische Störungen wie Migräneanfälle etc. erkennbar sein. Aufgrund der Komplexität dieser Erkrankung wird die Depression häufig mit anderen Erkrankungen verwechselt.

Wie ist der Zusammenhang zwischen dem Inneren Kind und der Depression?

Depressionen sind meist auf traumatische Erlebnisse zurückzuführen, die dein inneres Gleichgewicht aus der Bahn geworfen haben. Diese Erlebnisse können in folgende Gruppen unterteilt werden:

Plötzlich auftretende Veränderungen

Diese Veränderungen sind meist auf Krankheiten von geliebten Menschen zurückzuführen. Wenn zum Beispiel die Eltern plötzlich versterben oder eine starke Erkrankung innerhalb des Familien- oder Freundeskreises auftritt, prägt das die noch sehr junge Seele. Wird dann nicht aktiv an der Bewältigung des Verlustes gearbeitet, kann es im weiteren Verlauf des Lebens zu depressiven Verstimmungen oder anderen negativen Verhaltensweisen des Inneren Kindes kommen.

Langanhaltende traumatische Prozesse

Langanhaltende Prozesse ziehen sich meist über mehrere Jahre hinweg. Oft handelt es sich dabei um schwierige Familienverhältnisse, Suchterkrankungen innerhalb der Familie oder sehr dominante Eltern. Das Kind wird dabei unterdrückt, leidet an psychischer oder sogar physischer Gewalt und kommt sich aus diesem Grund sehr ungeliebt und wertlos vor. Solche Erfahrungen können nur schwer verarbeitet werden, weshalb Depressionen bei diesen Kindern fast schon vorprogrammiert sind.

Zudem gibt es Theorien, die sich auf die genetische Veranlagung stützen. Demnach können psychische Erkrankungen – ähnlich wie physische Krankheiten – über mehrere Generationen hinweg weitervererbt werden. Dabei wird allerdings nicht die Depression an sich vererbt, sondern vielmehr die Veranlagung, unter psychischen Erkrankungen leiden zu können. Es lassen sich also meist unterschiedliche psychische Probleme innerhalb einer Familie über mehrere Generationen hinweg beobachten.

Welche Behandlungsmöglichkeiten sind für depressive Menschen geeignet?

Leidest du an starken Depressionen, kann dir zwar die Arbeit mit dem Inneren Kind helfen, allerdings benötigst du professionelle Betreuung dabei. Wie bereits beschrieben, sind Depressionen lebensgefährliche psychische Erkrankungen, die durch traumatische Erlebnisse in der Kindheit begünstigt werden können. Parallel zur Arbeit mit dem Inneren Kind stehen dir sowohl psychotherapeutische als auch medikamentöse Behandlungen zur Verfügung. Nachstehend findest du einige dieser Behandlungsformen sowie deren Umsetzungsmerkmale:

Therapieform	Merkmale
Wachtherapie	Bei der Wachtherapie wird der natürliche Schlafrhythmus des Patienten gezielt beeinflusst. So können verschiedene Symptome gelindert und die Psyche zugänglicher gemacht werden. Diese

Therapieform	Merkmale
	Therapie sollte nur in Absprache und Begleitung entsprechender Experten durchgeführt werden.
Elektrokrampftherapie (EKT)	Die EKT ist eine der letzten Therapieformen, die bei Depressionen angewandt werden. Sie wird nur nach erfolgloser psychotherapeutischer und medikamentöser Therapie in Betracht gezogen. Dabei werden kleine Stromstöße an den Körper des Patienten geleitet, sodass das Gehirn vermehrt Dopamin, Serotonin und Noradrenalin produziert. Das soll die Stimmungsschwankungen regulieren.
Lichttherapie	Die Lichttherapie regt die Produktion verschiedener Hormone an, die sich positiv auf die Stimmung sowie den körperlichen Zustand des Patienten auswirken können. Sie wird meist als positiver Verstärker zur psychotherapeutischen Behandlung durchgeführt. Der Patient sitzt dabei mehrere Stunden pro Woche unter einer speziellen therapeutischen Lampe.
Psychotherapeutische Therapie	Bei psychotherapeutischen Behandlungen kommen verschiedene Arten zum Einsatz. Zum einen kann eine normale Verhaltenstherapie angestrebt werden. Zum anderen können auch kognitive, interpersonelle und tiefenpsychologische Therapien gute Erfolge hervorrufen. Die Innere Kind-Arbeit wird dabei als Teil dieser Therapieform angewandt.

Therapieform	Merkmale
Medikamentöse Therapie	Medikamente sollten nur in absoluten Ausnahmefällen eingenommen werden, um sehr kritische, lebensbedrohliche Depressionen bis zur Vollendung der anderen psychotherapeutischen Maßnahmen zu überbrücken. Bedenke dabei, dass Antidepressiva ein starkes Suchtpotenzial haben.

Oft wird eine Kombination aus mehreren Therapieformen empfohlen, um die Erkrankung in ihrer vollen Komplexität heilen zu können. Die Kosten werden von den Krankenkassen übernommen. Besser ist es allerdings, wenn du schon frühzeitig mit der Inneren-Kind-Arbeit beginnst, um Depressionen prophylaktisch behandeln zu können.

Negative Glaubenssätze

Glaubenssätze werden maßgeblich in der Kindheit beziehungsweise auch im Jugendalter geprägt. Sie dienen dem Menschen als eine Art Orientierung oder Gerüst, welches komplizierte gesellschaftliche Strukturen und Lebenslagen überschaubarer macht. Es handelt sich also um innere Überzeugungen über sich selbst sowie die Welt an sich.

Glaubenssätze beeinflussen nicht nur deine Gedanken und deine Sicht auf die Welt, sondern auch die Meinung, die du über dich selbst hast. Bei Menschen mit positiven Glaubenssätzen wird meist ein gutes Selbstbewusstsein, Ehrgeiz und Erfolg beobachtet. Bei Menschen, die negative Glaubenssätze mit sich herumschleppen, kommt es vermehrt zu Misserfolg, Hemmungen und Antriebslosigkeit. Das hängt damit zusammen, dass gewisse negative Argumente stark gegen die eigene Person gerichtet sind und durch das ständige gedankliche Wiederholen das Handeln des Betroffenen unbewusst danach ausgerichtet wird. Zu den typischen negativen Glaubenssätzen gehören folgende Beispiele:

- Wer nicht jammert, der wird
  nicht ernst genommen.
- Ich habe kein Geld.
- Immer verliere ich.
- Ich habe nie Glück.
- Glück im Spiel, Pech in der
  Liebe.
- Ich bin ein schlechter Mensch.
- Ich bin böse.
- Allen anderen geht es besser.
- Keiner mag mich.
- Erst die Arbeit, dann das
  Vergnügen.
- Was Hänschen nicht lernt,
  lernt Hans nimmermehr.
- Die anderen meckern immer.
- Ich bin nicht gut genug.
- Das schaffe ich sowieso nicht.
- Das Leben ist gefährlich.

- Ich bin ein Freak.
- Ich kann nicht…
- Ich bin nicht…genug.
- Ich bin zu…
- Männer und Frauen verstehen
  sich einfach nicht.
- Ständig blamiere ich mich.
- Ich finde nie einen Partner.
- Freu dich nicht zu früh.
- Erwarte nicht zu viel, sonst
  wirst du nur enttäuscht.
- Ich darf keine Fehler machen.
- Ich kann einfach nicht „nein"
  sagen.
- Das kann ich mir nicht leisten.
- Man kann tun, was man will,
  immer wird gemeckert.
- Männer sind Schweine.

- Wenn ich keine Angst habe,
  passiert etwas Schlimmes.
- Ich habe keine Zeit.
- Ich muss mich anstrengen.
- Ich muss die Zähne
  zusammenbeißen.
- Ich muss tapfer sein.
- Indianerherz kennt keinen
  Schmerz.
- Ich werde es nie schaffen.
- Alle lachen über mich.
- Keiner nimmt mich einst.
- Ich werde nie glücklich
  werden.
- Undank ist der Welt Lohn.
- Ich bin zu dick.
- Ich bin dumm.
- Keiner versteht mich.
- Ich bin an allem Schuld.
- Keiner kann mir helfen.
- Keiner hat mich lieb.
- Meine Eltern sind an allem
  Schuld.
- Wofür das Ganze eigentlich?
- Ich trau mich nicht.
- Warum passiert mir sowas
  ständig?
- Was soll die Scheiße
  eigentlich?
- Kann das nicht einmal
  klappen?
- Kann ich nicht auch einmal
  Glück haben?
- Was habe ich falsch gemacht,
  dass mir so etwas passiert?

- Lieber den Spatz in der Hand
  als die Taube auf dem Dach.
- Über Geld spricht man nicht.
- Das tut man nicht.
- Ohne Partner kann ich nicht
  glücklich sein.
- Ich brauche Schokolade nur
  ansehen, schon ist sie auf
  meinen Hüften.
- Ich mache immer alles falsch.
- Ich hätte nie geboren werden
  sollen.
- Dazu bin ich nicht cool genug.
- Heute ist nicht mein Tag.
- Freiheit gibt es doch gar nicht
  mehr.
- Ich sollte mir ein dickeres Fell
  zulegen.
- Erst wenn es allen anderen
  gut geht, darf es mir auch gut
  gehen.
- Ich habe Angst vor Neuem.
- Trau keinem.
- Männer wollen nur das eine.
- Frauen gehören in die Küche.
- Der Ehrliche ist der Dumme.
- Frechheit siegt.
- Früher war alles besser.
- Reiche Menschen sind
  arrogant. / Reicher Schnösel
- Geld macht nicht glücklich.
- Lieber arm und gesund als
  reich und krank.
- Schuster, bleib bei deinen
  Leisten.

- Lohnt sich eh nicht.
- Ich brauche es gar nicht erst zu versuchen.
- Womit habe ich das verdient?
- Ich bin ein wahrer Pechvogel.
- Ich bin es nicht wert, geliebt zu werden.
- Macht bringt das Schlimmste im Menschen zum Vorschein.
- Wenn man Nähe zulässt, dann wird man verletzt.
- Auf mich hört ja eh keiner.
- Es ist nicht alles Gold, was glänzt.
- Ich werde immer hintergangen.
- Alles muss ich alleine machen.
- Andere dürfen nicht mitbekommen, wie schlecht ich bin.
- Mein Wert ist der Wert meiner Arbeit.
- Mit Fremden spricht man nicht.
- Liebe muss man sich erarbeiten.

Die Schwierigkeit liegt darin, dass solche Einstellungen meist tief in der Psyche verankert sind und jeden Tag im Unterbewusstsein wiederholt werden. Dabei handelt es sich nicht um die Realität, sondern um das, was du während der ersten Lebensjahre und in jungen Jahren erlernt hast.

In seltenen Fällen können negative Glaubenssätze auch im Erwachsenenalter geprägt werden: etwa durch mehrere Misserfolge oder durch Freunde/Familie/Kollegen. Besonders anfällig für das Aneignen negativer Glaubenssätze anderer Personen sind Menschen, die nur wenig Selbstbewusstsein, dafür aber viel Selbstzweifel und Verunsicherung in sich tragen. Sie orientieren sich oft massiv an anderen Menschen, die sie selbst als erfolgreich und bewundernswert sehen.

Wie hängen negative Glaubenssätze mit dem Inneren Kind zusammen?

Subjektive Interpretationen deiner Erfahrungen, die du im Laufe deines Lebens gemacht hast, speichern sich in den Tiefen des Gehirns ab. Durch Glaubenssätze wird das Leben eines jeden einzelnen Individuums beeinflusst, wobei es darauf ankommt, ob du an positive oder negative Einstellungen bzw. Interpretationen glaubst. Hast du dich schon einmal mit dem Thema Persönlichkeitspsychologie befasst, wird dir der Begriff der Glaubenssätze sicherlich schon bekannt sein. Die Frage ist allerdings, wie sich diese in Bezug auf dein Inneres Kind auswirken.

Das Innere Kind sind Erfahrungen sowie Emotionen, die du im Laufe deines Lebens erlernt hast. Das Prinzip dahinter kann wie folgt ausdrückt werden: Verhältst du dich nach dem Schema X, wirst du die Folge Y erfahren.

Glaubenssätze funktionieren ganz ähnlich, doch gehen sie das Prinzip des Inneren Kindes von hinten an: Es wird die Folge Y eintreten, wenn du dich nach dem Prinzip X verhältst.

Man könnte also sagen, dass die Glaubenssätze das Resultat aus den Erfahrungen des Inneren Kindes sind. Beide Denkmuster spielen sich im Unterbewusstsein ab und versuchen, sich die Welt zu erklären. Durch die Beschäftigung mit dem Inneren Kind wirst du also auch an deinen Glaubenssätzen arbeiten. Solltest du merken, dass du sehr viele der oben genannten Glaubenssätze mit dir trägst, ist es ratsam, dich speziell darauf zu konzentrieren.

Während im allgemeinen Gebrauch nur zwischen positiven und negativen Glaubenssätzen unterschieden wird, solltest du für die Arbeit mit deinem Inneren Kind auch zwischen den drei Unterarten differenzieren können. So kannst du dich später auf die entsprechenden Methoden der Auflösung deiner Blockaden und Schwierigkeiten konzentrieren.

Ursachen-Wirkungs-Verknüpfung

Die Ursachen-Wirkungs-Verknüpfung veranlasst die betroffene Person dazu, die Folgen im Nachhinein mit einem Verhalten in Verbindung zu setzen. Das ist im Grunde eine gute Eigenschaft, denn du bist fähig, dein Verhalten zu reflektieren. Schwierig wird es, wenn du dir dadurch für alle Folgen selbst die Schuld gibst. Hier ein paar Beispiele solcher Glaubenssätze:

- „Ich habe mich erkältet, weil ich keinen Mantel angezogen habe."

- „Ich werde entlassen, weil ich einen Fehler gemacht habe."

- „Ich werde Pleite gehen, weil ich nicht genug spare für schlechte Zeiten."

Zugehörigkeitsbezug

Die Glaubenssätze mit Zugehörigkeitsbezug setzen ein Verhalten oder ein Ereignis in eine soziale Beziehung. Diese Glaubenssätze hängen oft mit einer tiefsitzenden Angst vor Ablehnung zusammen und nagen deshalb stark am Selbstbewusstsein sowie am Selbstwertgefühl. Möchten du dich in punkto Persönlichkeit und Präsenz weiterentwickeln, wirst du wahrscheinlich mit dieser Art Glaubenssätze konfrontiert werden:

- „Wenn ich einen Fehler mache, wird mich meine Familie verstoßen."

- „Ich muss mich anpassen, um akzeptiert zu werden."

- „Mein Körper ist nicht schön genug, um in der Öffentlichkeit akzeptiert zu werden."

Identitätsbezug

Ähnlich wie die Glaubenssätze mit Zugehörigkeitsbezug sind auch die Glaubenssätze mit Identitätsbezug selbstzweifelnd. Einige Menschen sind sogar selbstzerstörend in dieser Hinsicht. Die Ursache liegt oft beim Inneren Kind, das in der Vergangenheit abgelehnt oder nur unter bestimmten Voraussetzungen geliebt wurde. Oft hat dieses Innere Kind entsprechende Sprüche bzw. Anschuldigungen von Dritten zu hören bekommen.

- „Ich bin nicht liebenswert."

- „Ich bin anders und nicht richtig."

- „Ich verdiene keine Zuneigung, denn ich bin ein schlechter Mensch."

Besonders häufig treffen diese Glaubenssätze Frauen und wirken sich massiv auf das gesamte Leben aus. Zudem lässt sich in vielen Fällen eine Kombination der oben genannten Glaubenssätze feststellen. Die Ursachen-Wirkungs-Verknüpfung steht meist im Einklang mit dem Zugehörigkeitsbezug. Dieser wiederum hat Auswirkungen auf den Identitätsbezug, der die erlernten Zugehörigkeitsmuster generalisiert und den Fehler so in der eignen Person sucht.

Wie wirken sich negative Glaubenssätze auf dein Leben aus?

Glaubenssätze werden als Realität empfunden. Sie stellen für den Menschen eine Sicherheit dar, um sich vor Enttäuschungen, Abweisung und negativen Gefühlen zu schützen. Zudem sollen sie Halt in dieser sich schnell verändernden Welt geben. Solche „Weisheiten" sind in der frühen Kindheit bis hin ins Jugendalter erlernt und basieren demnach auf den Erfahrungen, die du bisher gemacht hast.

Hast du überwiegend gute Glaubenssätze erlernt, wirst du wahrscheinlich ein sehr offener, zielstrebiger, selbstbewusster und erfolgreicher Mensch sein. Du kannst an dich selbst glauben und weißt, dich selbst einzuschätzen.

Hast du aber überwiegend schlechte Glaubenssätze erlernt, die dein Inneres Kind noch heute mit sich herumschleppt, werden sie dich eher negativ beeinflussen. Das bezieht sich nicht nur auf deine Persönlichkeitsstruktur, sondern auch auf deine Entscheidungen sowie deine Meinungen anderen Menschen gegenüber. Nachfolgend findest du einige Beispiele, wie dich negative Glaubenssätze in deinem Denken und Handeln beeinflussen können:

- „Männer sind Schweine."

Im Inneren hast du eine Ablehnung gegen das männliche Geschlecht und kannst dich deshalb nur schwer oder gar nicht auf eine Beziehung (ob Freundschaft oder Liebe) mit einem Mann einlassen. Zudem suchst du dir immer wieder die „falschen" Männer aus, die dich in deinem Glaubenssatz bestätigen.

- „Das schaffe ich sowieso nicht."

Du hast Angst vor Herausforderungen und bewegst dich ausschließlich in deiner Komfortzone. Dadurch wirst du etwas träge. Eine Weiterentwicklung sowohl auf beruflicher als auch privater Ebene ist kaum möglich. Andererseits hegst du wahrscheinlich den Wunsch in dir, anderen Menschen (Arbeitskollegen, Fitnesstrainer etc.) nachzueifern, gibst aber schnell auf.

- „Immer bin ich die/der Böse."

Dein Inneres Kind beherrscht eher negative Persönlichkeitsstile und hebt diese immer wieder hervor. Du siehst dich meist in der Opferrolle. Eine tatsächliche Schuld kannst du nur schwer zugeben, sondern vermutest immer, dass du manipuliert oder hintergangen wurdest. Dieser Glaubenssatz ist dahingehend sehr speziell, da er sich meist in zwei Formen äußert: Entweder lebst du sehr zurückgezogen und vorsichtig. Du bist die „graue Maus", die sich nie traut, etwas zu sagen. Oder aber du selbst lebst nach dem Motto „Ist der Ruf erst ruiniert, lebt es sich ganz ungeniert".

Glaubenssätze hängen also direkt mit deinem Inneren Kind zusammen und können dich sowohl positiv als auch negativ beeinflussen. Bist du dir nicht sicher, ob dein bisheriges Leben von negativen Glaubenssätzen „manipuliert" wurde, solltest du nochmals die wichtigsten Meilensteine Revue passieren lassen. Erkennst du ein Muster in deinem Verhalten? Ist eine Reihe an Misserfolgen zu sehen? Gehst du niemals über Grenzen hinaus? Sollte das der Fall sein, musst du herfinden, welche Einstellungen dein Inneres Ich hat.

Die Auseinandersetzung mit deinem Inneren Kind

Medizinische Untersuchungen zeigen, dass rund 95% der Wahrnehmung auf unbewusste Art stattfindet. Das bedeutet also folgendes: Nachdem du dich an Vermeidungstaktiken gewöhnt hast, um deine verletzliche Seite nicht zeigen zu müssen, laufen die weiteren Verhaltensweisen zum größten Teil vollautomatisch ab. Die Erlebnisse, die du als kleines Kind gesammelt hast, prägen dich und dein Verhalten, obwohl du es wahrscheinlich gar nicht als solches wahrnimmst. Erkennen kannst du ein ungeliebtes Inneres Kind an folgenden Merkmalen:

- Du hast nur wenig Lebensfreude.

- Du fühlst dich sowohl im privaten als auch im beruflichen Alltag oft überfordert.

- Andere Menschen können dich extrem schnell kränken.

- Du hast das Gefühl, für andere Menschen nicht gut genug zu sein.

- Dein Leben erscheint dir häufig sinnlos und ohne Ziel.

- Du fühlst dich häufig allein und einsam. Diese Einsamkeit verspürst du sogar, wenn du in Gesellschaft bist.

- Du kannst dein volles Potenzial nicht ausschöpfen.

Solltest du diese Dinge an dir feststellen, wird es höchste Zeit, dem Ganzen auf den Grund zu gehen. Dabei sollte dir bewusst sein, dass eine Auseinandersetzung mit deinem früheren „Ich" durchaus schmerzhaft und aufwühlend sein kann. Solltest du dich also unsicher fühlen, ist ein Therapeut oder Psychologe hinzuzuziehen. Die Heilung deines Inneren Kindes läuft immer nach demselben Schema ab:

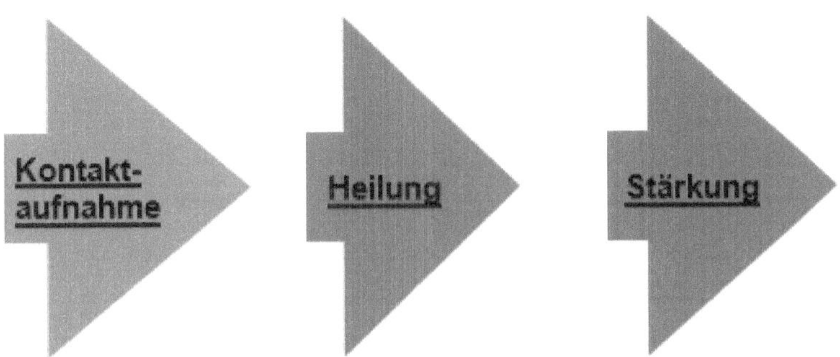

Bei der Kontaktaufnahme geht es vor allem darum, deinem Inneren Kind zu zeigen, dass du an einer Zusammenarbeit interessiert bist. Du musst Vertrauen aufbauen und eine Möglichkeit finden zu kommunizieren. Erst wenn das geschafft ist, kann eine Heilung stattfinden, indem du Liebe, Geborgenheit, Zuverlässigkeit und Sicherheit vermittelst. Bedenke, dass ein verletztes/ungeliebtes Inneres Kind immer auf traumatische Erfahrungen zurückzuführen ist. Du musst dir selbst also beweisen, dass du nun – als Erwachsener – auf dich selbst aufpassen kannst. In der letzten Phase geht es um die Stärken, sodass die erlangten Erfolge auch auf lange Sicht hin gehalten oder sogar noch gestärkt und verbessert werden.

Da jedes Kind mit anderen Problemen kämpft und jeder Mensch einen anderen Charakter besitzt, können die einzelnen Phasen unterschiedlich lange andauern. Gib dir ausreichend Zeit und habe etwas Geduld, um ein gutes Endergebnis zu erzielen. Solltest du merken, dass du über mehrere Wochen hinweg nicht vorankommst, dann schau dir die Tipps im Kapitel „Professionelle Hilfe – Therapie-möglichkeiten" an.

Die Kontaktaufnahme mit dem Inneren Kind

Die erste Kontaktaufnahme mit dem Inneren kann sich etwas seltsam anfühlen. Besonders für Menschen, die wenig spirituell veranlagt sind, ist es ein großer Schritt. Dennoch solltest du den Versuch starten, um dich zu einem stärkeren, ausgeglicheneren und glücklicheren Menschen zu machen. Bei der Kontaktaufnahme gibt es prinzipiell drei Arten: Die Visualisierungsreise, die Meditation und die Hypnose. Im Grunde sind sich alle Varianten sehr ähnlich, allerdings unterscheiden sie sich in Bezug auf ihre Tiefe. In den nachfolgenden Erklärungen werden die einzelnen Methoden der Schwere nach geordnet. Die Visualisierung ist dabei die Einstiegsvariante, die Meditation ist für Fortgeschrittene, und die Selbsthypnose bzw. Hypnose ist ausschließlich für Profis geeignet, die sich selbst gut kennen und einschätzen können.

Während der Kontaktaufnahme wirst du wahrscheinlich mit schmerzlichen Erinnerungen konfrontiert werden. Solltest du eine instabile psychische Verfassung haben, ist der Gang zum Psychologen/Psychotherapeuten unumgänglich.

Visualisierungsreise

Die Visualisierungsreise ist eine einfache Version der Hypnose, weshalb sie für Anfänger am besten geeignet ist. Im Gegensatz zu anderen Methoden der Kontaktaufnahme bedarf die Visualisierung allerdings einiges an Vorarbeit. Du solltest dir also einige Wochen Zeit dafür lassen, dich auf die Kontaktaufnahme während der Visualisierung ausreichend vorzubereiten. Diese Phase sollte mit täglichen Einheiten gespickt sein, die circa 30 bis 45 Minuten andauern. Während der ersten Schritte solltest du immer an einem ungestörten Ort daran arbeiten. Im Laufe der Zeit wirst du dich auch an sehr bewegten Orten, wie Bus, Bahn oder Arbeit, auf die Visualisierung konzentrieren können. Folgendermaßen gehst du dabei vor:

Suche dir einen Ort, an dem du bequem sitzen oder liegen kannst. Schließe die Augen und atme tief ein und aus. Achte dabei auf jeden einzelnen Atemzug und empfinde nach, wie die Luft durch deinen Körper strömt. Hast du bereits Erfahrung mit der progressiven Muskelentspannung, kannst du sie an dieser Stelle gerne anwenden, um dich zu entspannen. Wenn dein Körper ganz ruhig ist und du alle Gedanken um dich herum ausgeschaltet hast, kannst du damit beginnen, dir einen sicheren Ort, auch Kraftort genannt, zu suchen.

Das ist ein Platz, an dem du dich vollkommen sicher und wohlfühlst. Höre tief in dich hinein, um einen Ort zu kreieren, der alle Merkmale erfüllt, die dir ein Wohlgefühl bieten.

Hast du diesen Ort gefunden, dann sieh dich genau um. Verändere einige Merkmale, wenn sich diese nicht richtig anfühlen. Während der Visualisierung kannst du dein persönliches Paradies kreieren. Verweile dort ein paar Minuten, bis du dich vom stressigen Alltag erholt und entspannt hast. Anschließend kehrst du langsam wieder in das Hier und Jetzt zurück. Verlasse in Gedanken deinen Kraftort, bewege langsam alle Gliedmaßen, achte wieder bewusst auf deine Atmung und öffne langsam die Augen.

Ist das geschafft, dann beginnst du über mehrere Tage oder Wochen hinweg, dich an diesen Ort zu beamen. Du wirst sehen, dass das immer schneller und besser funktioniert. Nach einiger Zeit wird es dir auch an öffentlichen Orten gelingen, dich auf die Visuailiserungsreise zu begeben. Fühlst du dich sicher, kannst du mit der Kontaktaufnahme anfangen. Begib dich dabei wieder an deinen Kraftort und lade nun dein Inneres Kind zu dir ein. Trefft euch an deinem Kraftort und lernt euch kennen. Freundet euch an, umarmt euch und beginnt die ersten Interaktionen. Nach und nach wird dein Inneres Kind schon dort auf dich warten, um mit dir in Kontakt zu treten. Ist das der Fall, kannst du die ersten Fragen stellen. Lass dein Inneres „Ich" spüren, dass du für es da bist und es liebst.

Meditation

Die Meditation findet vor allem im Buddhismus großen Anklang. Mönche sowie Gläubige führen regelmäßig – teilweise sogar mehrmals täglich – diesen Prozess durch, um sich auf spirituelle Weise weiterzuentwickeln und die Persönlichkeit sowie den Willen zu stärken. Durch spezielle Konzentrations- und Achtsamkeitsübungen beruhigen sich Körper und Geist, sodass du eine tiefreichende Ebene deines Inneren erreichen kannst. Meditation hat unterschiedliche Namen. So wird als Synonym häufig der Begriff der inneren Ruhe, des Einsseins sowie des „frei von Gedanken Seins" verwendet. Typischerweise findet die Meditation in einem Schneidersitz oder der Hocke auf dem Boden statt. Du kannst dich aber auch liegend oder auf einem Stuhl sitzend in einen meditationsartigen Zustand begeben. Wichtig ist, dass du dich wohlfühlst und bequem sitzen/liegen kannst. Die Meditation lässt sich in zwei große Gruppen einteilen: die aktive und die passive Meditationsstrategie.

Aktive Meditation	Passive Meditation
Beim aktiven Meditieren bist du sehr frei, lässt deine Gedanken schweifen und bewegst dich auch physisch. Deine Aufmerksamkeit geht dabei auf das Hier und Jetzt, was dir schnelle Entspannung in einem stressigen Alltag bringt. Zu den aktiven Meditationstechniken gehört zum Beispiel Yoga, die Mantrameditation oder auch das Chanten.	Bei der passiven Meditation ist dein Körper ganz ruhig, du hast die Augen geschlossen und die Muskeln entspannt. Deine Aufmerksamkeit widmet sich der völligen Stille oder der eigenen Atmung. Du kannst dich voll und ganz auf dich selbst konzentrieren. Zu den passiven Meditationsmethoden gehören z.B. die Achtsamkeitsmeditation und die Zen-Meditation.

In Verbindung mit deinem Inneren Kind ist die passive Meditation besser geeignet, denn du kannst dich voll und ganz auf dich selbst konzentrieren. Befasst du dich zum ersten Mal mit diesem Thema, solltest du dich langsam an den Zustand der inneren Ruhe herantasten. Mit folgenden Schritten kannst du durch die Meditation dein Inneres Kind erreichen:

Bevor du beginnst, mit deinem Inneren Kind zu kommunizieren, solltest du dich an die Meditation als solches gewöhnen. Nimm dir dafür täglich etwa 30 Minuten Zeit und suche dir einen ruhigen Ort. Begebe dich in eine bequeme Position, in der deine Körperenergien gut fließen können. Krumme oder gekrümmte Positionen sind ein absolutes No-Go. Schließe die Augen und konzentriere dich ausschließlich auf deine Atmung. Spüre, wie die frische Luft durch deinen Hals bis in die Lungen und anschließend durch deinen gesamten Körper fließt. Spüre, wie die verbrauchte Luft wieder aus deinem Körper austritt und sich einen Weg in die Umgebung bahnt. Denke an nichts anders als an deine Atmung. Nach einigen Minuten wirst du eventuell ein leichtes Kribbeln in deinen Gliedmaßen spüren, was ein sehr gutes Zeichen ist. Entspanne dich und halte diese Entspannung einige Minuten. Wenn du das Gefühl hast, innerlich vollkommen ruhig und ausgeglichen zu sein, begib dich mit deinem Bewusstsein langsam wieder in das Hier und Jetzt. Öffne deine Augen langsam und aktiviere deinen Körper, indem du dir jedes einzelne Körperteil bewusstmachst.

Kommst du mit diesen Schritten gut zurecht und findest immer schneller in einen Meditationszustand, kannst du damit beginnen, Kontakt zu deinem Inneren Kind aufzubauen. Begib dich dafür wieder in die Meditation. Sobald du ganz ruhig und entspannt bist, kannst du tief in dir nach deinem früheren „Ich" suchen. Stell dir dein Inneres Kind bildlich vor und suche in allen Bereichen deiner Seele danach. Sobald du es gefunden hast, kannst du den ersten Kontakt aufnehmen. Nähere dich ganz langsam und vorsichtig. Stell dich vor und mache deinem inneren Kind klar, dass du hier bist, um ihm zu helfen. Du möchtest nur mit ihm sprechen. Achte genau darauf, wie es reagiert. Mit jeder Meditation wird dir die Kontaktaufnahme einfacher fallen und schon schnell wirst du in der Lage sein, erste Fragen zu stellen. Mögliche Fragestellungen könnten wie folgt lauten:

- Was bedrückt dich?

- Wovor hast du Angst?

- Welche Erlebnisse lassen dich nicht los?

- Kannst du mich mit in die Vergangenheit nehmen zu dem Moment, der dich verletzt hat?

- Was wünscht du dir von mir?

So näherst du dich langsam dem Thema, das dich in deinem Unterbewusstsein über dein Inneres Kind belastet und dir noch heute dein Leben schwermacht. Wichtig ist, dass du nicht zu große Schritte auf einmal gehst. Besser sind kleine und behutsame Schritte, die dich langsam zum Erfolg führen, als große Schritte, die dein Inneres Kind noch weiter verunsichern. Kommst du mit dieser Kontaktaufnahme gut klar, kannst du direkt zum Kapitel „Die Heilung des ungeliebten Inneren Kindes" springen. Ansonsten versuche die Hypnose mithilfe eines Therapeuten oder die Visualisierungsreise.

Hypnose

Der Begriff der Hypnose stammt aus dem Griechischen und bedeutet so viel wie der „Zustand eines künstlich erzeugten partiellen Schlafs in Verbindung mit einem veränderten Bewusstseinszustand". Das bedeutet also, dass du dich während einer Hypnosesitzung in einen Zustand begibst, den du nicht mehr aktiv beeinflussen kannst, über welchen du aber einen Zugang zu deinem Unterbewusstsein erhältst. Dieser Zugang ist im Normalzustand für die meisten Menschen unerreichbar. Für die Arbeit mit deinem Inneren Kind ist die Hypnose aus diesem Grund eine sehr gute und effektive Methode, um in Kontakt zu treten. Vor allem Menschen, die ein kindliches Trauma erlitten haben und deren Gefühle über Jahre hinweg verdrängt wurden, kann damit geholfen werden. Eine Hypnose kann dir aber nicht nur bei der Arbeit mit deinem inneren Kind helfen, sondern auch bei großen Stresszuständen oder emotionalem Ungleichgewicht. In folgenden Teil des eBooks wirst du nun lernen, wie du dich selbst hypnotisieren kannst und worin der Unterschied zu einer vom Therapeuten durchgeführten Hypnose liegt:

Setze dich bequem hin oder lege dich in einer entspannten Position auf dein Bett. Schließe nun die Augen und fokussiere einen Punkt vor deinem inneren Auge. Fixiere diesen Punkt, auch wenn er sich bewegt. Deine komplette Aufmerksamkeit ist auf diesen Punkt gerichtet. Höre jetzt tief in dich hinein, achte auf deine Atmung und entspanne deine Muskeln. Beginne nun aktiv mit der Wahrnehmung aller Reize, die um dich herum geschehen. Du kannst diese Reize auch verbalisieren oder in Gedanken für dich wahrnehmen. Versuche einen Reiz zu wählen, der sich in kurzen, aber dennoch regelmäßigen Abständen wiederholt, und verbinde eine Reaktion mit diesem Reiz. Das kann zum Beispiel das Ticken der Uhr sein. Verknüpfe eine Suggestion mit diesem Reiz wie z.B. „Mit jedem Ticken fühle ich mich schwerer. Bei jedem Ticken gleite ich weiter in die Trance hinein und lasse mich fallen". Rufe dir diese Verknüpfung wie ein Mantra immer wieder in dein Gedächtnis, bis du tief in der Trance bist. Folgende Merkmale sprechen für eine gut ausgeführte Hypnose:

- Du verlierst dein Zeitgefühl.

- Du fühlst dich schwer, sodass auch die kleinsten Bewegungen schwerfallen.

- Du siehst innere Bilder oder Erinnerungen vor dir.

- Du empfindest starke Gefühle, die vorher in deinem Unterbewusstsein saßen.

- Du nimmst äußere Reize nun kaum noch wahr.

Sollte es bei den ersten Versuchen nicht direkt funktionieren, verzweifle nicht. Sowohl dein Körper als auch deine Seele müssen sich zunächst an den Zustand einer Hypnose gewöhnen. Bleib also am Ball und gib nicht auf!

Der Mensch hat zahlreiche Möglichkeiten, sich selbst zu beeinflussen und zu steuern, was nicht nur Vorteile mit sich bringt. Durch die komplexen Gehirnstrukturen sind menschliche Wesen Weltmeister im Verdrängen von Gefühlen. Durch Selbsthypnose kannst du diese unterbewussten Prozesse beeinflussen, indem ein Zugang zu deinem Inneren Kind geschaffen wird. Hierdurch ergeben sich ganz neue Perspektiven für dich. Selbsthypnose kann dir deshalb helfen, deine bewussten Entscheidungen über deine unbewussten Reaktionen zu stellen.

Hier ein Beispiel: Aufgrund eines Kindheitstraumas hast du eine starke Eifersucht entwickelt, die sich vor allem in Zusammenhang mit deinem Lebenspartner/deiner Lebenspartnerin zeigt. Du bist dir sehr wohl bewusst, dass du ihm/ ihr vertrauen kannst und deshalb objektiv kein Grund für die Eifersucht besteht. Dennoch kommt sie immer wieder hoch und belastet eure Beziehung. Durch gezielte Selbsthypnose kannst du lernen, dass du deine bewusste Entscheidung "Ich muss nicht eifersüchtig sein. Ich vertraue meinem Partner/ meiner Partnerin." über den Drang deines

Inneren Kindes stelltst, das sagt „Du bist nicht liebenswert! Dein Partner/ deine Partnerin wird dich betrügen und verlassen!".

Was ist der Unterschied zur Hypnose durch einen Therapeuten?

Der größte Unterschied zwischen einer Selbsthypnose und einer Hypnose, die von einem Therapeuten begleitet wird, ist die Anleitung. Zudem ist der Zustand der Trance selbst deutlich intensiver und deshalb oft auch wirkungsvoller. Der Therapeut begleitet dich in den Zustand der Trance und gibt dir dort auch gezielte Anweisungen, wie du mit deinem Inneren Kind in Kontakt treten kannst. Solltest du also Schwierigkeiten haben, dich selbst zu hypnotisieren, ist der Gang zu einem ausgebildeten Hypnosetherapeuten ein absolutes Muss. Bitte achte darauf, dass es sich um einen Psychologen oder Psychotherapeuten mit entsprechender Zusatzausbildung handelt.

Ein guter Hypnosetrainer zeigt dir, wie du dich besser in die Selbsthypnose bringen kannst. Es ist nämlich eine Fähigkeit, die dich in allen Lebenslagen unterstützen kann. Zudem bist du so in der Lage, auch selbst mit deinem Inneren Kind in Verbindung zu treten und damit den Heilungsprozess zu beschleunigen.

Die Heilung des ungeliebten Inneren Kindes

Sobald du gelernt hast, den Kontakt zu deinem Inneren Kind aufzunehmen, kannst du mit der Heilung beginnen. Dabei geht es keinesfalls darum, sich wie ein kleines Kind zu verhalten, sondern vielmehr das Verhalten deines früheren „Ichs" zu verstehen und mit ihm arbeiten zu lernen. Zum Verständnis ist wichtig zu erwähnen, dass ein Kind in den Augen vieler Erwachsener als naiv oder sogar dumm betrachtet wird. Doch das Gegenteil ist der Fall. Die Gehirnaktivitäten sind in Kindheitstagen so stark wie nie. Innerhalb weniger Jahre lernen Menschen die wichtigsten motorischen, kognitiven sowie gesellschaftlichen Aspekte des täglichen Lebens kennen. Gleichzeitig wird schulisches Wissen erlangt. Ein Kind ist also nicht dumm, sondern vielmehr unschuldig und rein. Leider verlieren wir diese Unschuld und Reinheit im Laufe des Lebens, denn immer häufiger werden wir mit schwierigen, gemeinen und unfassbaren Situationen konfrontiert, die in vielen Kindern den Glauben an das Gute in der Welt teilweise oder sogar komplett zerstören. Die gute Nachricht ist, dass du mit der Heilung deines Inneren Kindes die Offenheit, Unschuld und die Fähigkeit des Glaubens (nicht des religiösen Glaubens!) zurückerlangen kannst.

Wie funktioniert die Heilung des Inneren Kindes?

Negative Gefühle und selbstzerstörende Verhaltensweisen sind erlernt. Ein Kind vertraut zunächst darauf, dass die Menschen um es herum, nur Gutes wollen. Dein Inneres Kind ist im Prinzip genauso, nur hat es negative Erfahrungen sammeln müssen, für die seine persönliche Reife noch nicht ausgereicht hat. Die Konsequenz daraus ist, dass es sich verletzt, wütend, gehasst oder beschämt fühlt. Abhängig von den Erlebnissen, die es erfahren musste, können diese Gefühle mehr oder weniger stark sein. Während der Heilung des Inneren Kindes nimmst du Kontakt zu ihm auf und versucht nun aus der Sicht des Erwachsenen, der du mittlerweile bist, die Erfahrungen und die damit zusammenhängenden Gefühle/Emotionen sowie Verhaltensweisen zu verarbeiten.

Das Gespräch mit dem Inneren Kind

Viele Menschen möchten einfach gehört und verstanden werden. Dabei geht es nicht darum, dass du Lösungen findest, sondern vielmehr um die Anerkennung, die du deinem Gegenüber damit zeigst. Genauso ergeht es häufig dem Inneren Kind. Durch bestimmte Verhaltensweisen, die du an den Tag legst, möchte sich das ungeliebte Innere Kind Gehör verschaffen. Eine Aufmerksamkeit, die es eventuell noch nie oder nicht in ausreichendem Maße erfahren durfte. Höre tief in dich hinein und versuche, dein Inneres Kind wirklich zu spüren. Baue Kontakt zu ihm auf, sodass ihr miteinander kommunizieren könnt. Anschließend kannst du einige beruhigende Dinge sagen, wie beispielsweise folgende Sätze:

- Es tut mir leid, dass ich dir bis jetzt noch nicht zugehört habe.

- Du bist liebenswert und ein toller Mensch.

- Ich höre dich und werde auf dich achtgeben.

- Du musst nie wieder leiden.

- Ich vergebe dir.

Im weiteren Verlauf können schwierige Dinge miteinander geklärt werden. Du kannst Fragen stellen – gerne auch in ein Tagebuch schreiben – und dein Inneres Kind antworten lassen. Dabei sind kritische Fragen zum Verhalten, den Auslösern u.v.m. möglich. Wichtig ist, dass du auf deine Grenzen achtest, denn in kleinen

Schritten arbeitet es sich meist besser als mit der „Holzhammer"-Methode.

Die Sicht des Inneren Kindes verstehen

Begleitend zum Gespräch sollte auch eine Empathie für das Innere Kind aufgebaut werden. Empathie ist die Fähigkeit, sich in eine Person hineinzuversetzen und seine Gefühle, Emotionen sowie Verhaltensweisen nachempfinden zu können. Die Fähigkeit der Empathie besitzt eigentlich jeder Mensch. In manchen Fällen muss sie nur wieder aktiviert werden.

Trittst du also mit deinem Inneren Kind in Kontakt, höre ihm zu und versuche zu verstehen, was es noch heute bewegt. Habe Verständnis dafür, dass es sich in einer Verhaltensweise zeigt, die für dein Alter sowie die heutige Gesellschaft nicht mehr akzeptabel ist, und gestehe ihm die Gefühle zu, die es empfindet. Allein durch das Verständnis kann ein gewisser Heilungsprozess eintreten, denn (wahrscheinlich zum ersten Mal) erfährt dein früheres „Ich" wie es ist, akzeptiert zu werden. Damit verbunden ist auch die gegenseitige Liebe. Versuche, dir bewusst darüber zu werden, dass dein Inneres Kind in seinem jungen Alter keine andere Chance fand, als sich auf entsprechende Art und Weise zu zeigen. Mache ihm aber auch gleichzeitig bewusst, dass du jetzt erwachsen bist und es nicht mehr brauchst, um auf dich aufzupassen. Du hast mittlerweile Fertigkeiten erlernt, die dir helfen, deinen Alltag zu meistern – sei es manchmal auch noch so schwer.

Das Erklären aus Sicht des Erwachsenen

Um eine Beziehung retten zu können, bedarf es einer guten Kommunikation, Verständnis für die Gegenseite und Beachtung. Dieser Grundsatz gilt auch für die Beziehung zwischen dir und deinem Inneren Kind. Nachdem du gelernt hast, mit ihm in

Kontakt zu treten, es zu verstehen und ihm zuzuhören, ist deine Sicht der Dinge an der Reihe. Das mag sich im ersten Moment vielleicht etwas seltsam anhören, immerhin erklärst du deinem früheren „ich", wie du die Situation heute siehst. Für die Seelenheilung selbst ist dieser Schritt aber sehr wichtig, denn du lernst, für dich selber einzustehen und das Ruder selbst in die Hand zu nehmen. So kannst du dabei vorgehen:

Nimm dir einen Moment Zeit und suche dir einen ruhigen Ort, an dem du dich entspannen kannst. Tritt mithilfe von Mediation, Selbsthypnose oder einer Visualisierungsreise in Kontakt mit deinem Inneren Kind. Teile ihm mit, dass du dich nun voll und ganz auf es konzentrieren und es verstehen kannst. Sobald du das Gefühl hast, dass du in gutem Kontakt mit deinem inneren Kind bist, kannst du mit dem Erklären deiner Sichtweise beginnen. Nimm hierfür das Thema zur Hand, welches dein Inneres Kind am meisten beschäftigt (dies kann sich auch von Tag zu Tag ändern, denn oftmals sind es viele Einzelteile, die zusammen etwas Großes ergeben). Erkläre ihm nun mit ruhiger Stimme und auf eine kindgerechte – aber dennoch bestimmte – Art, wie du das Erlebte aus der Sicht eines Erwachsenen siehst. Gehe dabei auf folgende Fragestellungen ein:

- Was macht diese Situation mit dir heute?

- Wie bewertest du die Reaktionen beteiligter Personen?

- Warum ist eine derartige Situation in deinem jetzigen Alter nicht mehr notwendig?

- Was tust du, um auf dich selbst achtzugeben?

- Wie würdest du heute auf diese Situation reagieren?

Gehe dabei sehr verständnisvoll vor, denn dein Inneres Kind will nach wie vor Empathie sowie Akzeptanz erfahren. Dennoch sollte es verstehen, dass seine „Schutzmaßnahmen" heute nicht mehr benötigt werden.

Das gemeinsame Erleben der Vergangenheit

Fällt es dir schwer, mit deinem Inneren Kind in Kontakt zu treten und es zu heilen, können Bilder aus vergangenen Zeiten gut dabei helfen. Suche dir einfach ein paar Kinderfotos aus den alten Familienalben, die dich deutlich zeigen. Am besten wirken dabei recht erlebnisreiche Bilder, denn sie lassen dich wahrlich spüren, wie du als Kind warst und wie du deine Zeit verbracht hast. Halte dieses Foto vor dich, schließe die Augen und versetze dich in die Situation des Kindes hinein. Spüre, was du damals gespürt hast. Halte jede Emotion für einen kurzen Moment fest und lasse sie auf dich wirken.

Diese Übung solltest du mindestens einmal pro Tag durchführen und deine Erfahrungen aufschreiben. Notiere akribisch, welche Situation, Emotion sowie Erinnerung du nochmal durchlebt hast. Wichtig ist vor allem zu bewerten, ob dich diese Erinnerungen heute noch aufwühlen. Sollte das der Fall sein, ist die Klopftechnik eine gute Variante, um dein Inneres Kind mit diesen Gefühlen abschließen zu lassen. Nachfolgend erkläre ich dir, was unter dem Emotionsklopfen verstanden wird:

Das Ziel beim Thymusklopfen ist das Freisetzen, Wahrnehmen und Abbauen von negativen Emotionen, die in vielen Fällen in sogenannten Zwiebelschichten vorhanden sind. Das bedeutet, dass du oberflächlich zwar ein Gefühl wahrnimmst, es darunter aber ganz andere Gefühle versteckt. So gibt es bei der bekannten Eifersucht meist ein Problem mit dem Selbstbewusstsein, mit

Angst, Verletzung, Wut oder Trauer. Dein Inneres Kind hat lediglich gelernt, diese negativen Gefühle durch das Symptom der Eifersucht zu überdecken. Um solche Erlebnisse und Emotionen loslassen zu können, kannst du folgendermaßen vorgehen:

- Bereite dich mit einer kurzen Entspannungseinheit auf diese Innere Kind-Arbeit vor. Helfen können dir dabei zum Beispiel die progressive Muskelentspannung, ein paar Atemübungen oder bewegte Meditationen wie Yoga.

- Setz dich nun bequem auf einen Stuhl, auf ein Bett, aufs Sofa oder auf den Boden. Schließe die Augen und denke an ein Erlebnis, das du gerne verarbeiten möchtest. Konzentriere dich auf die hervortretenden Gefühle, wenn du das Erlebnis nochmals vor deinem inneren Auge siehst. Nimm es wirklich ganz aktiv war, obwohl es sehr schmerzhaft werden kann. Solltest du dabei weinen oder schreien müssen, kannst du das ruhig machen. Bitte unterdrücke diese Emotionen nicht, sondern verbalisiere sie.

- Bist du dir deiner Emotionen ganz bewusst, kannst du sie nach der Intensität kategorisieren. Nutze hierfür eine Skala von 0 bis 10, wobei 10 „extrem stark" und 0 „eigentlich gar nicht schlimm" bedeutet. Wichtig ist, dass du jede einzelne Emotion einzeln bewertest.

- Beginne mit dem stärksten Gefühl und konzentriere dich nur darauf. Nimm ganz bewusst wahr, was du mit dem Erlebnis verbindest, wenn du es dir vorstellst. Hierzu zählen nun nicht mehr nur deine Gefühle, sondern auch Gerüche, Bilder und Personen. Öffne dich voll und ganz der Situation und durchlebe sie nochmals. Lass deinem Inneren Kind die Möglichkeit, das Erlebte zu verarbeiten, indem alle

Erinnerungen ganz ohne Unterdrückung durchlebt werden dürfen.

- Halte das stärkste Gefühl fest und beginne, deine Thymusdrüse sanft zu klopfen. Achte dabei auf einen gleichmäßigen Rhythmus. Klopfe so lange, bis sich das Gefühl in ein anders Gefühl umwandelt oder komplett verschwindet.

- Sollte es sich auflösen, kannst du dir die Situation nochmals vor dem inneren Auge ansehen. Spüre erneut nach, ob wirklich alle negativen Gefühle verschwunden sind. Sollte sich das beklopfte Gefühl in eine andere Emotion umwandeln, dann beklopfe auch dieses mit sanftem Rhythmus auf deine Thymusdrüse. Nimm alle Erinnerungen wahr, die du mit dem neuen Gefühl verbindest.

- Dieses Verfahren führst du so oft aus, bis sich alle negativen Gefühle, die du mit dieser einen Erinnerung verbindest, komplett aufgelöst haben.

- Im letzten Schritt füllst du den Platz, den die aufgelösten Gefühle hinterlassen haben, mit positiven Emotionen. Zerlege hierfür das Bild, das du vor deinem inneren Auge siehst, in tausend Puzzleteile. Setze es wieder neu zusammen und verbinde damit neue, positive Gefühle. Wichtig ist, dass du deine neuen Verknüpfungen klar formulierst, z.B. „Ich werde nun glücklich sein!“ oder „Ich kann in Zukunft ganz entspannt bleiben!“. Versuche, allgemeine Umschreibungen wie „gut“ oder „besser“ zu vermeiden.

- Zum neuen Gefühl und dem neuen Bild der Erinnerung entwirfst du eine passende Affirmation, die zum Beispiel folgendermaßen formuliert werden kann: „Ich bin in Sicherheit und gebe auf mich acht!" oder „Ich fühle mich frei und unabhängig!"

- Du wirst merken, dass sich einige Emotionen in andere Gefühle umwandeln anstatt sich aufzulösen. Das ist ein gutes Zeichen, denn es zeigt das emotionale Wachstum deines Inneren Kindes.

Der Prozess der kindlichen Liebe

Ein wichtiger Kernbereich im Zusammenhang mit der Beziehung und Kommunikation deines Inneren Kindes ist es, die kindliche Liebe wiederherzustellen. Dabei geht es nicht darum, wieder wie ein Kind zu spielen, sondern vielmehr die Liebe zu den Dingen erneut zu entdecken. So kannst du dir bewusst dafür Zeit nehmen, zu malen, basteln, Lego zusammenzusetzen oder Fahrrad zu fahren. Alles, was dein Inneres Kind glücklich macht, ist erlaubt. In den ersten Wochen wirst du dir vielleicht etwas albern vorkommen, nach einiger Zeit wirst du aber merken, dass du wieder mehr Freude am Leben hast und deutlich ausgeglichener bist. Dein Inneres Kind bekommt die Möglichkeit, seine Kindheit erneut zu erleben.

Diese Übung ist vor allem für Menschen empfehlenswert, die während ihrer Kindheit plötzlich „erwachsen" werden mussten. Häufig zu beobachten ist es bei Scheidungskindern, Waisen oder auch Missbrauchsopfern. Ihnen hilft das Erleben der kindlichen Liebe dabei, wieder das Schöne in der Welt zu sehen und ihren inneren Reifeprozess nachholen zu können.

In welchem Umfang sollte der Kontakt zum Inneren Kind stattfinden?

Die Frage nach der Dauer des Heilungsprozesses ist nicht so einfach zu beantworten, denn sie hängt von verschiedenen Faktoren ab. Unter anderem sind die Schwere des Traumas sowie die Dauer der Gewohnheiten entscheidend. Wichtig ist, dass du den Zusammenhang zwischen Beziehung, Erziehung und Bindung verstehst. Eine Erziehung kann nur durch eine Beziehung stattfinden, die durch eine gute Bindung gestützt ist. In Verbindung mit deinem Inneren Kind bedeutet das grundsätzlich:

- Du kannst dein Inneres Kind nur dazu bringen, sich nicht mehr in dein jetziges Leben einzumischen, wenn du eine gute Beziehung zu ihm aufbaust. Diese Beziehung muss durch eine starke Bindung aus Liebe, Verständnis und Achtsamkeit geprägt sein.

- Bei Menschen, die einen sehr liebevollen und sozialen Charakter besitzen, funktionieren die Kontaktaufnahme sowie der erste Heilungsprozess meist sehr schnell. Allerdings benötigen sie oft etwas mehr Zeit, wenn es darum geht, sich als Erwachsener zu behaupten und dem Inneren Kind zu erklären, dass es nicht mehr gebraucht wird.

- Bei Menschen mit einem starken und abgeklärten Charakter können die Kontaktaufnahme sowie das Verständnis für das Innere Kind einige Wochen bzw. Monate dauern. Dafür funktioniert nach der erfolgreichen Herstellung der Beziehung das Einstehen für sich selbst deutlich schneller.

- Für einen langfristigen Erfolg ist es zudem wichtig, die oben beschriebenen Maßnahmen mindestens einmal täglich zu wiederholen. Erst im weiteren Verlauf – siehe auch das nachfolgende Kapitel „Das Hervorheben des geliebten

Inneren Kindes" – kann der Abstand einzelner Abläufe immer größer werden.

Das Hervorheben des geliebten Inneren Kindes

Der dritte Teil des Heilungsprozesses deines Inneren Kindes besteht darin, das geliebte Innere Kind ausreichend zu stärken, um nie wieder zum ungeliebten Inneren Kind zu werden. Das ist ein langwieriger Prozess, den du durch Selbstliebe sowie Selbstachtung dein ganzes Leben lang beibehalten musst. Folgende Tipps können dir dabei helfen:

- Zeige deinem Inneren Kind, dass es geliebt wird. Das kann auf unterschiedliche Art und Weise geschehen. Du kannst zum Beispiel die im Kapitel „Die Heilung des ungeliebten Inneren Kindes" angesprochenen Spiele beibehalten.

- Vertraue auf deinen Instinkt, der dich auf gute und schlechte Verhaltensweisen hinweist. Tief in dir weißt du ganz genau, was dir guttut und was nicht. Das Problem ist oft, dass du verlernt hast, auf diesen Instinkt zu hören. Beachte ihn und berücksichtige die Gefühle deines Inneren Kindes.

- Akzeptiere deine Gefühle. Sowohl gute als auch negative Gefühle sind vollkommen normal und helfen dir sogar, deine Erfahrungen zu verarbeiten. Achte deshalb darauf und akzeptiere sie. Solltest du dich schlecht oder traurig fühlen, dann nimm auch das bewusst wahr. Versuche dabei gleichzeitig, präzise zu verbalisieren, woran das liegt.

- Tritt weiterhin mit deinem Inneren Kind in Kontakt, wie du es durch (Selbst-)Hypnose, Visualisierung oder Meditation gelernt hast. Das stärkt nicht nur die Beziehung zwischen dir und deinem geliebten Inneren Kind, sondern fördert auch deine körperliche sowie seelische Gesundheit. Du wirst merken, dass du entspannter bzw. gelassener wirst.

- Nimm Abstand von Aussagen und Leuten, die dir nicht guttun. Viele Menschen, die selbst nicht wissen, wie sie auf sich und ihr Inneres Kind achtgeben, sagen häufig sehr verletzende Dinge. Lass solche Dinge nicht an dich heran, sondern teile ihm/ihr klar mit, dass du anderer Ansicht bist und nicht möchtest, so angesprochen zu werden. Lass gleichzeitig auch deinen Gefühlen diesbezüglich freien Lauf und kommuniziere dies. Sag der betreffenden Person zum Beispiel: „Ich möchte nicht, dass du das sagst, denn es verletzt mich. Mir geht es so gut und ich werde mich dabei auch nicht von dir beeinflussen lassen".

- Höre auf dein Inneres Kind, wenn es dir mitteilt, dass jemand oder etwas ihm nicht guttut. Das Schöne an der Arbeit mit deinem Inneren Kind ist, dass du dich selbst besser kennenlernst. Du lernst, in dich hineinzuhören und auf dich achtzugeben. Behalte diese Eigenschaften bei, sodass dein geliebtes Inneres Kind nie wieder zum ungeliebten Inneren Kind werden muss.

- Lerne, wie du deine Gefühle regulieren kannst. Kinder reagieren häufig extrem emotional und explosiv, da sie Selbstkontrolle noch nicht erlernt haben. Eigne dir deshalb Taktiken an, die dir dabei helfen und auch dein Inneres Kind wieder beruhigen. Das kann zum Beispiel das berühmte dreimalige Ein- und Ausatmen in stressigen Situationen sein.

- Umgebe dich mit Menschen, die einen positiven Einfluss auf dich haben. Du musst dich als Erwachsener nicht dazu zwingen, mit Menschen zusammenzuleben oder befreundet zu sein, die dich immer wieder verletzen. Sei diesbezüglich ganz ehrlich zu dir und ziehe einen harten Schlussstrich, sodass dein inneres Kind die Chance hat, auf Dauer gesund und fröhlich zu sein.

- Lerne, deine Gefühle voneinander zu unterscheiden. Während der Entwicklung lernt ein Mensch, seine Gefühle und Emotionen klar erkennen zu können. Hast du aber als Kind negativ präsente Erfahrungen gemacht, die dich dazu veranlassten, deine Gefühle zu verbergen, ist dieser Entwicklungsschritt gestört. Um aus einem ungeliebten Inneren Kind ein geliebtes Inneres Kind zu machen, ist diese Unterscheidung allerdings sehr wichtig. Nur so bist du in der Lage, anderen Personen klar mitzuteilen, was dich stört oder wie du dich fühlst. Nur so kannst du dein Inneres Kind akzeptieren und ihm gegenüber Anerkennung zeigen.

- Achte auf deinen Körper, indem du dir eine gesunde Lebensweise aneignest. Dazu gehören eine ausgewogene Ernährung, Bewegung und freudebringende Erlebnisse. Indem du auf dich selbst und deine Gesundheit achtest, schätzt du gleichzeitig dich selbst und dein Inneres Kind mehr.

- Lerne deine Bedürfnisse genau kennen. Diese hängen maßgeblich von deinem Charakter ab. Während einige Menschen vor allem Freiheit benötigen, sind andere

Personen nur durch finanzielle Sicherheiten oder mit einer strikten Routine glücklich.

- Der wichtigste Grundsatz beim Stärken des geliebten Inneren Kindes ist, dass du Geduld mit dir selbst hast. Der Prozess braucht viel Zeit und kann sich sogar über Jahre hinziehen. Mit grundlegenden Bausteinen wie Selbstachtung, Selbstliebe und Selbstvertrauen solltest du dein komplettes Leben lang zu tun haben. Die Heilung des Inneren Kindes ist also die Basis für deinen weiteren Erfolg im privaten sowie beruflichen Leben.

Professionelle Hilfe – Therapiemöglichkeiten

Eine Therapie zu starten, ist ein großer Schritt und für viele Menschen zunächst einmal eine Grenze, die überschritten werden muss. Dennoch ist dies für die Überwindung von Persönlichkeitsstörungen bei Kindern und Jugendlichen sowie Erwachsenen oft unumgänglich. Die Therapie hilft dir, dich selbst wiederzufinden, um ein glückliches Leben führen zu können. Um dir die Entscheidung etwas einfacher zu machen, findest du nachfolgend die wichtigsten Kernpunkte einer Psychotherapie:

- Du stehst im Mittelpunkt der Therapie und kannst eigenmächtig den Verlauf bestimmen. Entgegen vieler Meinungen hat nicht der Therapeut, sondern du hast die Fäden in der Hand. Das bedeutet, dass während der Sitzungen du selbst bestimmst, wie weit ihr gehen oder was ihr besprechen wollt. Dennoch ist es wichtig, auch über deine Komfortzone hinauszugehen.

- Es gibt verschiedene Therapieformen, die dir bei der Heilung des Inneren Kindes helfen können. Am effektivsten sind Hypnose sowie die Ego-State-Therapie nach Watkins (siehe Kapitel „Die Ego-State-Therapie").

- Eine Psychotherapie benötigt Zeit. Du solltest also nicht frühzeitig aufgeben, sondern immer am Ball bleiben. Bei Problemen oder Zweifeln kannst du offen mit dem Therapeuten darüber sprechen, um Missverständnisse, Demotivation etc. zu vermeiden.

- Während einer Psychotherapie wirst du mit Gefühlen, Erinnerungen, Denkweisen und dem eigenen Verhalten konfrontiert. Hierdurch bist du in der Lage, negative

Erinnerungen – ob nun im Unterbewusstsein oder im Bewusstsein – zu verarbeiten. Dein Inneres Kind kann so mit den erfahrenen Traumata abschließen und wieder seine Heimat finden.

- Eine Psychotherapie kann sowohl ambulant als auch stationär stattfinden. Als erwachsener Mensch bist du in der Lage, selbst über die Therapieart zu bestimmen. Du musst also keine Angst haben, gegen deinen Willen in eine psychiatrische Klinik eingeliefert zu werden, wenn du das nicht möchtest. Bei der Heilung des Inneren Kindes ist eine stationäre Aufnahme eher untypisch. Vielmehr wird auf eine ambulante Therapie gesetzt. Du kannst also in deinem Umfeld bleiben, zur Arbeit gehen oder dich mit Freunden/der Familie treffen. In regelmäßigen Abständen fährst du dann in die Praxis des Therapeuten, um dort mit ihm die Sitzungen abzuhalten.

- Du kannst wählen zwischen einer Einzel- und einer Gruppentherapie. Die Einzeltherapie ist bei sensiblen, tiefsitzenden Traumata sehr sinnvoll. Die Gruppentherapie hingegen bietet sich bei Suchtverhalten an, die in Verbindung mit einem verletzten/ungeliebten Inneren Kind stehen.

In Deutschland übernehmen die meisten Krankenkassen eine Psychotherapie teilweise oder komplett. Um eine Kostenübernahme zu beantragen, muss eine entsprechende Diagnose eines Psychologen oder Psychiaters vorliegen, welche die Dringlichkeit der Therapie bestätigt. Möchtest du mit der Ego-State-Therapie arbeiten, möchtest aber die Kosten erstattet bekommen, ist im Regelfall eine Zusatzversicherung notwendig.

Wann ist eine Psychotherapie zur Heilung des Inneren Kindes notwendig?

Prinzipiell lässt sich das Innere Kind mit den in diesem eBook beschriebenen Maßnahmen gut selbst heilen. In einigen Fällen kann aber eine Therapie sinnvoll sein. So zum Beispiel, wenn du dich nur schwer auf dich selbst konzentrieren kannst und an einem bestimmten Punkt der im Kapitel „Die Auseinandersetzung mit deinem Inneren Kind" beschriebenen Übungen festsitzt. Solltest du merken, dass ein gewisses Geschehnis besonders schmerzhaft ist und du selbst damit nicht zurechtkommst, ist ebenfalls ein guter Psychotherapeut aufzusuchen. Zudem sprechen folgende Argumente für eine professionelle Therapie, um deine Persönlichkeit zu ändern:

- Du fühlst dich in deinem Leben massiv durch die Probleme deines Inneren Kindes beeinträchtigt oder wirst von Freunden bzw. deiner Familie immer wieder auf eine bestimmte Persönlichkeitsstruktur angesprochen.

- Du benötigst Hilfe dabei, deine Gedanken, Ideen und Gefühle zu ordnen. Nur so kannst du zu dir selbst finden und der Mensch werden, der tief im Inneren schlummert. Bedenke immer dabei, dass deine Gedanken und Gefühle vom geliebten oder ungeliebten Inneren Kind beeinträchtigt werden. Du musst also zunächst mit diesem Kind in Kontakt treten, um es heilen zu können.

- Du hast Angst davor, dich deinen Gefühlen und Emotionen zu stellen, die mit einem bestimmten Ereignis deiner Vergangenheit in Verbindung stehen. Du schiebst das Thema immer wieder von dir weg und verdrängst es seit Jahren.

- Erste Anzeichen einer starken psychischen Erkrankung sind zu sehen, die dein eigenes oder das Leben anderer Menschen gefährden. Du leidest immer wieder unter psychischen sowie körperlichen Belastungssymptomen, die eindeutig einer seelischen Belastung zuzuordnen sind.

- Du möchtest dein Leben ändern, Freiheit, Glück und Zufriedenheit erfahren. Der alte Ballast deiner Vergangenheit wiegt schwer auf deinen Schultern. Du möchtest diesen abschütteln und dich so selbst von Altlasten befreien.

Natürlich können auch Begründungen gefunden werden, die gegen eine Psychotherapie sprechen. Um dich in diesem Buch kompetent zu beraten, zähle ich dir diese nachfolgend auf:

- Du weißt, dass ein unverarbeitetes Trauma vorliegt, welches dein Inneres Kind beeinflusst, kommst aber gut damit klar. Es beeinträchtigt dich weder in deinem privaten noch in deinem beruflichen Leben. Zudem fühlen sich auch andere Menschen nicht davon gestört.

- Du empfindest eine tiefe Ablehnung gegen therapeutische Maßnahmen und kannst dich deshalb nicht darauf einlassen.

- Du hast Angst, dich mit einem Thema auseinanderzusetzen und kannst diese Angst noch nicht überwinden. Du selbst musst bereit sein, dich deiner Vergangenheit zu stellen, um anschließend Verbesserung zu erfahren. Solltest du merken, dass die Furcht vor dem, was verborgen ist, zu groß ist, um sich auch mit einem Therapeuten gemeinsam dem zu stellen, solltest du dir selbst noch ein wenig Zeit geben. Wichtig ist, dass du in dieser Phase nicht aufgibst, sondern dich immer wieder mit dir selbst beschäftigst. So wird es dir in kürzester Zeit gelingen, eine Therapie zu starten.

Wie du dich schlussendlich entscheidest, liegt bei dir. Aus professioneller Sicht kann ich dir zu einer Therapie nur raten, wenn mindestens zwei der oben genannten Aspekte für eine Therapie auf dich zutreffen.

Wo findest du Hilfe?

Achte bei der Wahl des Therapeuten darauf, dass die Person eine entsprechende Zulassung besitzt. Nicht jeder Psychologe ist gleichzeitig ein Psychotherapeut. Das ist vielmehr eine separate Ausbildung, die auf dem Psychologiestudium aufbaut. Um kompetente Ansprechpartner zu finden, kannst du Kontakt mit deinem Hausarzt aufnehmen. Dieser verfügt im Regelfall über ein breites Netzwerk an Ärzten verschiedenster Fachrichtungen und kann dich dementsprechend weiterempfehlen. Zum anderen kannst du dich direkt an ausgebildete Psychotherapeuten in deiner Region wenden, die du auf der Webseite des Psychotherapeuten-Suchdienstes PTK des Bundeslandes deines Wohnortes findest, z.B. ptk-bayern.de oder ptk-nrw.de.

Eine zuverlässige Quelle sind immer auch entsprechende stationäre Einrichtungen, die sich auf Psychotherapie spezialisiert haben. Das kann z.B. das Nordklinikum Nürnberg, die Klinik Alpenpark, die CIP Tagesklinik München Schwabing oder auch die LVR-Klinik Köln sein. Solche Einrichtungen sind in allen großen Städten deutschlandweit vertreten.

Die Ego-State-Therapie

Eine sehr effektive und dennoch eher schonende Therapiemöglichkeit, um mit dem Inneren Kind in Kontakt zu treten, ist die sogenannte Ego-State-Therapie. „Ego" stammt aus dem Lateinischen und bedeutet soviel wie „ich". „State" hingegen ist das englische Wort für „Zustand". Bei der Ego-State-Therapie handelt es sich also um ein Verfahren, das den Zustand des eigenen Ichs untersucht. Entwickelt wurde sie von Helen und John Watkins.

John Goodrich Watkins (1913 – 2012) war ein anerkannter US-amerikanischer Psychologe, der sich vor allem mit den Themenbereichen Hypnose und Hypnotherapie auseinandersetzte.

Zusammen mit seiner Ehefrau Helen entwickelte er die Ego-State-Therapie, die bei der Suche nach den Ursachen psychischer Störungen eher die Persönlichkeit der Betroffenen analysiert statt eine Gesprächstherapie zu verfolgen.

Die Ego-State-Therapie ist ein wichtiger Meilenstein sowohl für die Beziehungspsychologie als auch für die Persönlichkeit in der Psychologie. Das Modell von Helen und John Watkins geht davon aus, dass ein seelisch verletzter Mensch verschiedene Ich-Anteile aufbaut, um sich gegen negative Gefühle zu schützen. Meist sind das Angst und Schmerz. Diese Ich-Anteile agieren bei fortschreitender Ausbildung wie eigene Persönlichkeiten, die sich durch das Auslösen eines Triggers zeigen und vollkommen unterschiedlich reagieren können.

Setzen wir das in Verbindung mit dem Inneren Kind, kann ein gewisser Zusammenhang festgestellt werden, denn auch das Innere Kind wirkt wie eine eigene Persönlichkeit, die sich im Unterbewusstsein bildet und emotional reagiert. Sie kommt nur in ganz bestimmten Situationen zum Vorschein, was die Arbeit mit deinem Inneren Kind oft sehr schwer macht. Mithilfe der Ego-State-Therapie sollen alle Unterarten deiner Persönlichkeit vom Unterbewusstsein an die Oberfläche getragen und dort zu einem Gesamtbild zusammengesetzt werden. Dabei wirst du dich wahrscheinlich mit sehr schmerzhaften Erfahrungen aus deiner Vergangenheit auseinandersetzen müssen. Aus diesem Grund ist die Arbeit mit dieser Therapieform ausschließlich unter Anleitung eines erfahrenen Psychologen oder Psychotherapeuten anzuraten.

Wie sieht das Modell der Ego-State-Therapie aus?

Die Ego-State-Therapie basiert sowohl auf hypnoanalytische als auch psychoanalytische Theorien sowie auf Erkenntnissen aus dem Bereich der dissoziativen Störungen. Nicht zuletzt deshalb ist diese Behandlungsmethode bei Identitätsstörungen, posttraumatischen Belastungsstörungen sowie Angst- und Borderlinestörungen sehr effektiv. Dabei steht das Modell der Ego-State-Therapie auf drei Grundpfeilern, die das komplette Konzept und den späteren Therapieverlauf beeinflussen:

Die gesunden, ressourcenorientierten Ich-Anteile

Die gesunden, ressourcenorientierten Ich-Anteile sind für ein erfolgreiches, glückliches Leben und eine gute Beziehungskompetenz notwendig. Dabei wird zwischen den inneren Helferinnen, dem achtsamen Beobachter sowie der inneren Stärke unterschieden. Sie sorgen dafür, dass du auf dich selbst achtgibst und dich gleichzeitig frei entfalten kannst. Während der

Ego-State-Therapie kann auf diesen Ich-Anteilen aufgebaut werden. Zudem kann man sie als Ko-Therapeuten einsetzen, indem man ihnen die Aufgabe gibt, sich mit den ungesunden Ego States auseinanderzusetzen und diese kritisch zu betrachten.

Ungesunde integrierte Ich-Anteile bzw. verletzte Ego-States

Diese Art der Ich-Anteile sind im Grunde nicht negativ oder schlecht, sie haben lediglich etwas erfahren, was kränkend war. Sie sorgen dafür, dass du dir Gehör verschaffst und verstanden wirst. Ungesunde integrierte Ich-Anteile können gut geheilt werden, da sie selbst eine Art Anlage zur Selbstheilung in sich tragen. Werden sie allerdings nicht gehört, kann es zu einer verstärkten Angstsymptomatik oder anderen negativen/krankhaften Symptomen kommen.

Das Besondere bei diesen Ego-States ist, dass sie teilweise nur durch Hypnose greifbar werden. In einem solchen Fall wird im Volksmund auch der Begriff der Verdrängung verwendet. Das bedeutet, dass der Ich-Anteil das eigentliche Problem überdeckt. Du musst also durch das entsprechende Ego-State hin zur Ursache gelangen, um es anschließend auflösen zu können.

Die abgespaltenen Ich-Anteile

Abgespaltene Ich-Anteile sind für dich als Gesamtpersönlichkeit sehr schädigend, obwohl sie eigentlich das Ziel des Selbstschutzes verfolgen. Es handelt sich hierbei um unverarbeitete Traumata, die so konfliktgeladen sind, dass der betroffene Mensch nicht damit umgehen kann. Dieses Ego-State ist von deiner „normalen" Persönlichkeitsstruktur vollkommen abgelöst. Eine Auflösung ist meist extrem langwierig und bedarf einer intensiven Unterstützung durch kompetente Therapeuten.

Abgespaltene Ego-States werden in Verfolger, radikale Helfer, Angreifer, Täter-Introjekte und Mittäter-Introjekte unterschieden. Je nachdem, welche Art Trauma du erlitten hast, wirst du einen dieser Ich-Anteile bilden, um dich selbst zu schützen.

Beispiel: Das Ego-State der Täter-Introjekte beziehungsweise der täteridentifizierte Anteil in dir kommt häufig bei Misshandlungen vor. Wird ein Mensch schon als Kind von einem erwachsenen Elternteil misshandelt, nimmt er Verhaltensweisen an, die das Kind schützen sollen. Es wird versuchen, alles zu tun, um den misshandelnden Elternteil nicht wütend zu machen. Dies zieht sich oft auch ins Erwachsenenalter. Die Täter-Introjekte sorgen dafür, dass die Person immer noch alles macht, um den Angreifer zufriedenzustellen. Auch wenn das bedeutet, sich eigentlich wieder in Gefahr zu bringen (wenn schon eine eigene Wohnung vorhanden ist, der Kontakt aber nach wie vor gehalten wird). Das abgespaltene Ego-State ist folgender Meinung: „Du musst tun, was er/sie möchte. Sonst bringt er dich um." (Hier spricht das Innere Kind, das sich nicht anders zu helfen weiß.) Ein gesundes Ego-State würde hingegen sagen: „Du musst den Kontakt abbrechen."

Abgeleitet vom oberen Modell dieser Therapievariante lassen sich vier Therapieschritte feststellen, um das Innere Kind, die Persönlichkeit und die Beziehungen zu heilen. Bedenke dabei, dass der tatsächliche Therapieverlauf maßgeblich vom Schweregrad sowie deinen persönlichen Fortschritten während der Sitzungen abhängt. Die nachfolgend aufgeführten Schritte sind also nur ein grober Anhaltspunkt, der dir einen allgemeinen Überblick über den möglichen Verlauf der Ego-State-Therapie verschaffen soll:

Sicherheit und Stabilisierung

Beim ersten Schritt der Therapie geht es natürlich darum, dich selbst und den Therapeuten kennenzulernen. Dabei setzt du dich mit deiner Gesamtperson auseinander sowie mit den einzelnen Ego-States. Du versuchst, dich selbst in eigene Unterpersönlichkeiten einzuteilen. Dieser Prozess ist meist am aufwendigsten, denn nur die wenigsten Menschen haben sich bereits vorher mit den eigenen Persönlichkeitsstrukturen auseinandergesetzt. Die „Safety and Stabilisation"-Phase kann deshalb mehrere Wochen dauern und bedarf ein hohes Maß an Selbstreflexion.

Zugang

Im zweiten Schritt wird dann nach dem Zugang zum Trauma oder dem verletzten ungeliebten Inneren Kind gesucht. Dafür musst du weit in die Vergangenheit „reisen" und viele unangenehme sowie sehr persönliche Geschehnisse/ Erinnerungen thematisieren. Zudem wirst du das Innere Kind mit dem entsprechenden Ego-State in Verbindung bringen, um so im nächsten Schritt aktiv an deinen negativen Gefühlen diesbezüglich arbeiten und dein Verhalten ändern zu können.

Auflösung und Restabilisierung

Die dritte Phase der Ego-State-Therapie besteht in der Auflösung der belastenden Erinnerungen und der damit verbundenen Gefühle sowie in der Stabilisierung der diesbezüglich neu gewonnenen Gefühle. Dieser Schritt kann abhängig von der Schwere des Traumas mehrere Wochen oder Monate dauern. In sehr schweren Fällen können sogar eine mehrjährige Therapie in Verbindung mit anderen therapeutischen Maßnahmen und der Aufenthalt in stationären Einrichtungen notwendig sein. Wichtig ist, dass du weißt, dass niemals gegen deinen Willen entschieden wird. Du hast bezüglich des Verlaufs der Therapie immer die Oberhand und bestimmst, wie schnell und in welchem Umfang sie stattfinden soll. Watkins empfiehlt zudem eine Kombination aus „normaler" Therapie und Hypnoseeinheiten. Hierdurch bekommst du einen besseren Zugang zu verdrängten, versteckten Erinnerungen und Gefühlen, die im Unterbewusstsein schlummern, dich aber in deinem Leben stark beeinflussen.

Integration und Identität

Nachdem du dich mit dem Trauma auseinandergesetzt und es verarbeitet hast, musst du die neue, geheilte Persönlichkeitsstruktur festigen, sodass kein Rückfall entstehen kann. Die Therapiesitzungen finden in immer größeren Intervallen statt. Du findest zurück in dein altes Leben, aber mit einem geheilten Inneren Kind.

Das Ziel bei diesen Schritten ist es, dir eine Möglichkeit zu verschaffen, mit deinem Inneren Kind auf eine sinnvolle Art und Weise in Kontakt zu treten, um so deine schmerzhaften bzw. belastenden Erfahrungen verarbeiten zu können. Du sollst also in der Lage sein, das Innere Kind heilen zu können. Während der Ego-State-Therapie werden unterschiedliche Beziehungen aufgebaut, die in ihrer Gesamtheit ein komplettes Therapiebild ergeben.

Alle einzelnen Ego-States setzen sich zu einer Gesamtpersönlichkeit zusammen, die unterschiedlich stark von den Ich-Zuständen beeinflusst wird. Obwohl die Ego-State-Therapie aufgrund der Aufspaltung einer Persönlichkeit kritisiert wird, zählt das sich daraus ergebende Gesamtpaket. Die erste Beziehungsebene umschreibt eben jene Gesamtheit. Der Therapeut tritt mit dem Klienten in Kontakt. Mithilfe der Anleitung des Therapeuten lernt der Klient, die Behandlung durchzuführen und auch zu bewerten. Es geht hier also nicht darum, eine Person in verschiedene Persönlichkeiten aufzuspalten, sondern lediglich das Gesamtbild durch die Aufspaltung der einzelnen Ich-Zustände bewerten und das Innere Kind heilen zu können.

So unterschiedlich die einzelnen Ego-States eines Menschen sind, so unterschiedlich muss der Therapeut auch mit ihnen in Kontakt treten. Mit einem verängstigten Kind kannst du immerhin nicht auf dieselbe Art und Weise sprechen wie mit einem wütenden Erwachsenen. Es ist deshalb essenziell, dass der Therapeut auf jeden einzelnen Ich-Zustand extra eingehen und mit ihm in Kontakt treten kann. Bei ressourcenorientierten Ego-States ist das meist einfacher, denn sie sind analytisch und können klar denken. Mit abgespaltenen oder teilintegrierten Ich-Zuständen hingegen muss man vorsichtig umgehen, um die persönliche seelische Schmerzgrenze des Klienten nicht zu übertreten. Besonders zeitintensiv ist die Beziehung zwischen Therapeut und den dekonstruktiven Ego-States, denn für diese stellt eine Therapie gewissermaßen eine Bedrohung dar.

Ein Kernpunkt der Ego-State-Therapie ist die Kontaktaufnahme zwischen dem Klienten als Gesamtperson und seinen einzelnen Ego-States. Der Kontakt mit starken, helfenden und heilenden Ego-States wird in der Regel als sehr angenehm empfunden. Der Klient erfährt dadurch neuen Mut und kann zu mehr Selbstbewusstsein kommen. Im Gegensatz dazu steht der Kontakt mit traumatisierten, verletzten oder wütenden Ego-States. Diese Kontaktaufnahme wird als schwierig empfunden und bedarf meist einer professionellen Unterstützung durch den Therapeuten. Das Problem ist, dass sich Klienten meist nicht mit den negativen Ich-Zuständen auseinandersetzen möchten. Im allgemeinen Sprachgebrauch wird das oft als „alte Wunden sollte man nicht aufreißen" beschrieben. Ein fataler Fehler, denn um das Innere Kind umarmen zu können, musst du zunächst wissen, an welchem Punkt es Liebe, Zuneigung, Trost und Hilfe benötigt.

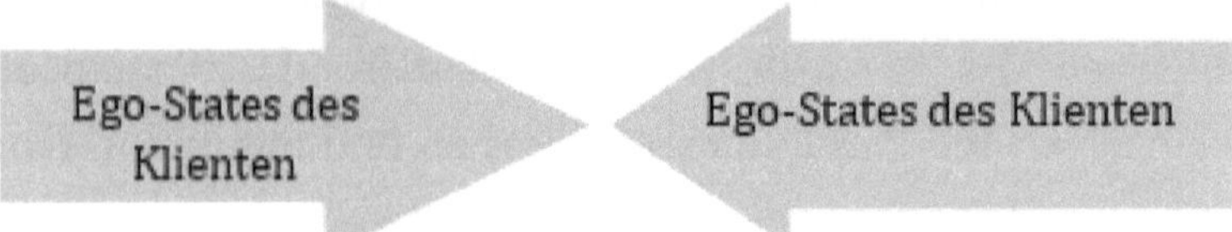

Wenn die Gesamtpersönlichkeit eines Menschen aus verschiedenen Einzelpersönlichkeiten besteht, dann haben diese einzelnen Ego-States natürlich auch Beziehungen untereinander. Das kann dazu führen, dass du immer wieder einen inneren Zwiespalt empfindest oder sogar einen inneren Kampf führst – bestimmt ist dir das schon einmal passiert. Häufig weiß dein erwachsener, vernünftiger Charakterzug, dass eine emotionale Reaktion deines Inneren Kindes nicht angebracht oder sogar völlig fehl am Platz ist. Das ist prinzipiell ein guter Anfang, denn du hast die Möglichkeit, die „guten" Ego-States auszubilden und mit den „schlechten" Ego-States in Kontakt zu bringen. Das Ziel sollte sein, alle Ego-States in

Einklang zu bringen und eine Kooperation zwischen allen Persönlichkeitsstrukturen zu bilden.

Natürlich ist auch der Therapeut selbst ein Konstrukt von mehreren Ego-States. Das ist für deine Therapie insofern wichtig, da du mit deinem Therapeuten ein gutes Verhältnis haben solltest – die Chemie muss stimmen. Diese „Chemie" wird maßgeblich davon beeinflusst, welche Ego-States des Therapeuten auf welche deiner Ego-States reagiert. Andersherum hängt auch dein Erfolg davon ab, wie deine Ego-States auf die Persönlichkeitsstrukturen des Therapeuten reagieren.

Wie entstehen Ego-States nach dem Watkins-Prinzip?

Helen und John Watkins stellten in ihrer Forschungsarbeit drei maßgebliche Wege bezüglich der Entstehung der Ego-States fest. Die normale **Differenzierung** entsteht dabei durch die Entwicklung eines jeden einzelnen Menschen. Sie werden von familiären, psychischen, kulturellen, politischen sowie sozialen Aspekten beeinflusst. Die normale Differenzierung ist also ein natürlicher Prozess deines Inneren Kindes, das langsam zu einem Erwachsenen heranreift. Die **Introjektion** hingegen wird von unterbewussten Mechanismen gesteuert. Dabei übernehmen deine Ich-Zustände äußere Realitäten ins Innere. Du verinnerlichst also die Werte, Urteile und Normen anderer Personen – unabhängig davon, ob diese auf dich einen positiven oder negativen Einfluss haben. Dies ist im Grunde auch ein normaler und sinnvoller Prozess, denn so lernst du, dich an die Gesellschaft anzupassen.

Schwierig wird es, wenn du dich später an diese Introjektion klammerst, ohne diese nochmals zu bewerten. Eine dritte Variante der Entstehung ist die **Traumatisierung**, die zweifelsohne die schwerwiegendste ist. Traumatisierungen setzen sich tief in die Psyche eines Menschen und können das Innere Kind in dir in ein vollkommenes Ungleichgewicht bringen. Gleichzeitig sollen sie aber auch zur Bewältigung des erlebten Traumas dienen, indem du mit ihnen arbeiten und sie so auflösen kannst. Sie entstehen durch bestimmte Situationen oder Erlebnisse, die dich in der Vergangenheit in einen massiven Schock- oder Angstzustand gebracht hatten.

Die psychoanalytische Therapie

Die Psychoanalyse ist Teil der sogenannten Psychodynamischen Psychotherapie und befasst sich mit den tiefsitzenden Erfahrungen, die du während deiner frühen Lebensjahre gemacht hast. Psychoanalytiker gehen davon aus, dass Störungen, an denen du derzeit leidest, als Ursache kindlicher Konflikte zu sehen sind. Die psychoanalytische Psychotherapie ist also in direktem Kontakt mit deinem Inneren Kind, um Traumata und ähnliches aufzulösen. Entwickelt wurde diese Theorie vom weltweit bekannten Psychologen Sigmund Freud, der den Menschen als ein Konstrukt aus frühkindlichen Erfahrungen und Ereignissen betrachtete.

Erlebnisse und Emotionen, die bis dato noch nicht verarbeitet wurden, können zu psychischen Erkrankungen (auch noch im hohen Alter eines Menschen) führen. Während der psychoanalytischen Psychotherapie versucht der Therapeut das vom Patienten Kommunizierte zu analysieren und auf diese Weise wichtige Erkenntnisse bezüglich der Zusammenhänge der derzeitigen psychischen Störung zu erhalten.

Viele Menschen verwechseln die Psychoanalyse mit der Tiefenpsychologie, was einen fatalen Fehler darstellt. Obwohl beide Arten zur psychodynamischen Therapie zählen, gibt es einige Unterschiede: Die Tiefenpsychologie folgt zwar dem Grundprinzip der Psychoanalyse, betrachtet dabei allerdings nur ein spezielles Problem bzw. einen speziellen Konflikt. Sie findet meist nur ein- bis zweimal pro Woche statt. Der Patient ist dabei noch in einem guten psychischen sowie mentalen Zustand. Mehr zum Thema Tiefenpsychologie sowie die damit zusammenhängende Therapie für dein Inneres Kind findest du im Kapitel „Die tiefenpsychologisch fundierte Psychotherapie". Bei der psychoanalytischen Therapie hingegen werden alle Probleme näher betrachtet, was eine große mentale, seelische sowie körperliche Belastung für den Patienten darstellt. Sie wird meist mehrfach pro Woche durchgeführt.

Welches Ziel verfolgt die psychoanalytische Therapie?

Das Ziel der psychoanalytischen Therapie ist es, einen Zugang zum Unterbewusstsein und damit auch zu deinem Inneren Kind zu bekommen. Besonders hilfreich ist diese Art der Behandlung, wenn deine Erfahrungen und Emotionen stark verdrängt und im Normalzustand nicht mehr zu erreichen sind. Dabei werden unbewusste Konflikte erkannt, um sie anschließend auflösen zu können.

Da eine Vielzahl verschiedener Probleme angesehen und über diese gesprochen wird, ist ein gutes Vertrauensverhältnis zwischen Therapeut und Patient unumgänglich. Du solltest dir also ausreichend Zeit lassen, um mit dem behandelnden Therapeuten „warm" zu werden, um entscheiden zu können, ob du ihm deine inneren Gedanken sowie Gefühle anvertrauen möchtest. Um das Ziel zu erreichen, finden in vielen Fällen nahezu täglich Anwendungen statt, weshalb die psychoanalytische Psychotherapie meist nur im Zusammenhang mit einem stationären Aufenthalt durchgeführt wird.

Für wen ist die psychoanalytische Therapie geeignet?

Wie bereits erwähnt, ist die psychoanalytische Therapie eine für den Patienten sehr anstrengende und nervenaufreibende Behandlung, die im Endresultat aber sehr gute Ergebnisse erzielt. Aus diesem Grund solltest du einige Voraussetzungen mitbringen, die dir beim Bewältigen dieser Behandlung helfen:

- Du solltest ein offener Mensch sein, der sich mit verschiedenen Methoden auseinandersetzt und sich darauf einlassen kann. Von besonderer Bedeutung ist dabei die Deutung, die Traumarbeit sowie die Assoziation.

- Psychoanalyse ist gut geeignet, wenn du unter neurotischen Störungen aufgrund eines verletzten ungeliebten Inneren Kindes leidest. Dies kannst du auch nochmals mit dem Therapeuten gemeinsam besprechen.

- Du solltest in der Lage sein, dich mit deiner introspektiven Psyche auseinandersetzen zu können. Eigenreflexion ist in diesem Zusammenhang sehr wichtig.

- Das Interesse, das Innere Kind und die eigenen Aspekte der Psyche zu verstehen, ist ein absolutes Muss. Du solltest zudem bereit sein, dich schwierigen Erinnerungen zu stellen.

Natürlich wirst du nicht alleingelassen. Ein gut ausgebildeter Therapeut erkennt schnell, in welchen Bereichen es zu intensiv wird, und geht entsprechend vorsichtig damit um. Zudem kannst du selbst bestimmen, inwieweit die Schritte für dich in Ordnung sind oder nicht. Bitte beachte, dass du nicht alle die oben beschriebenen Merkmale mitbringen musst. Vielmehr ist eine grundsätzliche Bereitschaft notwendig, dein Inneres Kind zu heilen, um anschließend in eine positivere Zukunft zu blicken. Während eines ersten Beratungsgesprächs wird genau erörtert, ob du für eine psychoanalytische Psychotherapie in Frage kommst oder nicht.

Wie läuft eine psychoanalytische Therapie ab?

Wie bereits erwähnt, findet eine psychoanalytische Therapie mehrfach die Woche statt – meist werden vier bis sechs Sitzungen wöchentlich vereinbart. Dabei dauert eine Sitzung in der Regel 50

Minuten. Abhängig von der Tiefe der Verletzung, die dein Inneres Kind mit sich herumschleppt, kann die komplette Behandlungsdauer länger oder kürzer ausfallen. Während der Sitzung liegt der Patient, um sich besser entspannen und sich damit seinem Unterbewusstsein einfacher widmen zu können. Zudem hilft diese Position, den Therapeuten nicht direkt ansehen zu müssen, dass der Patient freier über seine Gedanken, Gefühle und Erlebnisse spricht. Der Therapeut selbst sitzt während der gesamten Therapie meist neben oder hinter dem Patienten. Hierbei kann der Betroffene auch mitbestimmen. Sollte während der Sitzungen festgestellt werden, dass der Patient lieber sitzend über seine Erfahrungen sprechen möchte, ist auch das möglich.

Der wichtigste Grundsatz bei der Psychoanalyse ist, dass du alles erzählst, was dir gerade einfällt. Du solltest weder Gedanken noch Gefühle zurückhalten. In vielen Fällen kommen dem Patienten durch die Deckelung der Ängste und Blockaden einige Themen unbedeutend vor, was sich aber im weiteren Verlauf der Therapie doch als ein wichtiger Baustein darstellt. Du musst immer bedenken, dass du schon seit vielen Jahren mit dem verletzten Inneren Kind lebst und ein gewisser Gewöhnungseffekt stattgefunden hat.

Die Verhaltenstherapie

Die Verhaltenstherapie ist das komplette Gegenteil der Psychoanalyse. Sie ist eine relativ neuartige Therapievariante, die aus dem Behaviorismus entstand. Im Gegensatz zur Psychoanalyse betrachtet die Verhaltenstherapie nicht die inneren Konflikte, sondern das von außen sichtbare Verhalten einer Person. Unterschieden werden dabei zwei Grundarten: die klassische Konditionierung und die kognitive Verhaltenstherapie.

Klassische Konditionierung	Kognitive Verhaltenstherapie
Die klassische Konditionierung wurde vom russischen Psychologen Ivan Pavlov entdeckt. Er stellte die These auf, dass Verhaltensweisen antrainiert sind und durch bestimmte Schlüsselreize ausgelöst werden. Hierfür beobachtete er zunächst Hunde, die gelernt hatten, dass das Läuten einer Glocke das Signal zum Fressen ist. Nach einer Weile fingen die Hunde bereits an zu speicheln, wenn zwar die Glocke ertönte, das Fressen aber noch nicht in Sichtweite stand. Davon abgeleitet beobachtete er auch bestimmte Reaktionen von Menschen auf Schlüsselreize, die sogenannten Trigger. Diese Beobachtungen decken sich mit der Theorie, dass deine	Die kognitive Verhaltenstherapie ist eine Erweiterung der klassischen Konditionierung. Sie betrachtet Verhaltensveränderungen von einer tieferen Ebene aus. Demnach können Gedanken und Gefühle genau wie Überzeugungen entsprechendes Verhalten hervorrufen, das sowohl positiv als auch negativ sein kann. Die kognitive Verhaltenstherapie arbeitet deshalb am Inhalt sowie an der Art dieser Überzeugungen, die dein Inneres Kind mit sich herumschleppt.

Klassische Konditionierung	Kognitive Verhaltenstherapie
derzeitigen Probleme mit dem Inneren Kind aus Erfahrungen stammen, die dich in der frühen Kindheit geprägt haben.	

Im Gegensatz zu anderen Therapieformen wird bei der Verhaltenstherapie viel Wert auf ein wissenschaftliches Vorgehen sowie die damit verbundene Dokumentation gelegt. Behandlungserfolge sollen durch die Veränderungen des Verhaltens eines Patienten messbar gemacht werden. Eine Verhaltenstherapie ist deshalb besonders gut für dich geeignet, wenn du immer wieder gesellschaftlich negatives Verhalten aufweist, das dich in deinem persönlichen und privaten Leben massiv beeinträchtigt. Bei starken inneren Selbstzweifeln (siehe auch das Kapitel „Negative Glaubenssätze") ist eine kognitive Verhaltenstherapie angeraten.

Wie läuft eine Verhaltenstherapie ab?

Im Allgemeinen betrachtet die klassische Verhaltenstherapie also eher die derzeitigen Probleme in deinem Verhalten. Die Gründe dahinter sind zweitrangig. Hierfür wird im ersten Schritt der Therapie erörtert, welche Verhaltensweisen dich oder deine Mitmenschen beeinträchtigen. In der kognitiven Verhaltenstherapie wird begleitend auf Gedanken, Gefühle sowie körperliche Reaktionen eingegangen – wenn auch nicht auf einer tiefenpsychologischen Ebene. Zudem wird auf das Verhalten der Bekannten eingegangen. Typischerweise sind das Familienangehörige, Freunde oder Bekannte. In einigen Fällen können ebenfalls Arbeitskollegen Teil der Eingangsdiagnostik sein.

Nach dieser ersten Analyse wird gemeinsam mit dem Patienten das entsprechende Therapieziel festgelegt. Meist handelt es sich dabei um ein bestimmtes Verhalten, das der Betroffene durch gewisse Schlüsselreize immer wieder an den Tag legt. So findet die Verhaltenstherapie bei Wutausbrüchen, Eifersucht oder Angstzuständen großen Anklang. Das Besondere dieser Therapieart ist, dass die festgelegten Ziele durch mehr als fünfzig verschiedene Methoden (Konditionierung, Konfrontation, Kognition etc.) erreicht werden können.

Die Behandlung des Verhaltens ist zudem eher schonend für den Patienten, was sie zu einer guten Alternative für all diejenigen macht, die nur schwer introspektiv kritisch in sich hineingehören können. Des Weiteren ist sie wenig zeitaufwendig. Sie kann gut auf ambulanter Basis ein- bis zweimal pro Woche stattfinden. Eine Sitzung dauert dabei 25 bis 50 Minuten. Die Verhaltenstherapie wird bis zu einem Maximum von 80 Sitzungen von den meisten Krankenkassen übernommen.

Was solltest du bei der Verhaltenstherapie beachten?

Die Verhaltenstherapie ist in ihrer Wirkungsweise stark eingeschränkt, da sie – wie bereits erwähnt – ein Problem überwiegend von außen betrachtet. Bevor du dich also für diese Behandlung entscheidest, solltest du dir über folgende Aspekte im Klaren sein:

- Während der Sitzung bekommst du verschiedene Aufgaben, die du bewältigen musst. So sollst du dich zum Beispiel einer angsteinflößenden Situation stellen oder dich selbst während deines Verhaltens selbstkritisch beobachten.

- Du arbeitest weniger am eigentlichen Problem als vielmehr an dem Verhalten, das im Endergebnis verändert sein soll. Prüfe also am besten vorher, ob du lediglich ein Symptom behandeln möchtest oder dein Inneres Kind tief in dir heilen möchtest.

ACHTUNG! Das bedeutet keinesfalls, dass während einer Verhaltenstherapie dein Inneres Kind nicht zur Ruhe kommen kann. Dies ist durchaus möglich, steht aber bei dieser Therapie nur selten im Mittelpunkt.

- Obwohl du nach der Therapie deutliche Veränderungen deines Verhaltens beobachten wirst und eventuell auch entsprechende Komplimente von anderen Personen erhältst, kannst du dich dennoch belastet fühlen. In einem solchen Fall ist die Heilung des Inneren Kindes noch nicht komplett erfolgt und es bedarf einer weiterführenden Therapie (z.B. Psychoanalyse, kognitive Verhaltenstherapie oder Ego-State-Therapie).

- Während der kompletten Therapie triffst du Vereinbarungen mit dem behandelnden Therapeuten. Diese können in der Umsetzung für dich mehr oder minder schwer und zeitintensiv sein. Du solltest deshalb sicherstellen, dass du mental bereit bist, dich auch in schwierigen Situationen an solche Vereinbarungen zu halten.

Solltest du dich für eine Verhaltenstherapie entscheiden, ist auf die Wahl des passenden Therapeuten zu achten. Prinzipiell sollten nur ausgebildete Psychologen zurate gezogen werden, die eine entsprechende Zusatzausbildung als Psychotherapeut absolviert haben. Viele Heilpraktiker oder selbsternannte Coaches bieten Verhaltenstherapieähnliche Behandlungen an, von denen du aber dringend Abstand halten solltest. Bedenke immer, dass du an deiner Psyche arbeitest, die sehr komplex und instabil sein kann. Ein fundiertes Wissen seitens des Therapeuten ist also ein absolutes Muss, dass nur durch ein entsprechendes Studium erlangt werden kann.

Die tiefenpsychologisch fundierte Psychotherapie

Die tiefenpsychologisch fundierte Psychotherapie (kurz: TP) ist eine weltweit anerkannte und sehr effektive Therapiemöglichkeit, um starke Probleme mit deinem Inneren Kind zu klären. Sie wird von den meisten Krankenkassen bezahlt unter der Voraussetzung, dass eine entsprechende Diagnostik eines Psychiaters vorliegt. Sie gehört zusammen mit der Psychoanalyse zum sogenannten psychodynamischen Therapieverfahren. Im Gegensatz zu ihrem Gegenspieler ist sie aber weniger intensiv und damit für jedermann gut geeignet. Es lassen sich jedoch auch einige Gemeinsamkeiten feststellen: So gehen beide Therapieformen davon aus, dass Konflikte aus der Kindheit noch heute Einfluss auf dein Leben haben. Zudem wurden beide Varianten von den Erkenntnissen Sigmund Freuds geprägt.

Im Gegensatz zu vielen anderen Therapien beschreibt die tiefenpsychologisch fundierte Psychotherapie, dass nicht nur Erlebnisse zu einer negativen Prägung führen können, sondern auch Bedürfnisse, die zur damaligen Zeit keine Beachtung fanden. Das entsprechende Muster kann sich dann im Laufe des Lebens mehrfach (unterbewusst) wiederholen. Beispiel: Ein Kind wird in seinen jungen Jahren sehr geliebt. Es mangelt ihm an nichts. Aufgrund der starken Liebe wird es allerdings überbehütet und damit in seiner Selbstentfaltung und Selbstständigkeit stark eingeschränkt. Das kann dazu führen, dass es wenig Selbstbewusstsein aufbaut. Im späteren Leben ist es für solche Kinder typisch, dass sie sich Lebenspartner aussuchen, die ebenfalls eine starke Kontrolle ausüben, dies aber mit Liebe verbinden.

Die tiefenpsychologisch fundierte Psychotherapie ist in ihrem Umfang begrenzt, weshalb sie sich auf die wichtigsten Konflikte deines Inneren Kindes konzentriert. Dabei wird darauf geachtet, dass nicht nur Probleme aus deiner Kindheit betrachtet werden, sondern das Hier und Jetzt im Fokus der Therapie bleibt. Man könnte diese Methodik im weitesten Sinne als eine Mischform aus Verhaltenstherapie und Psychoanalyse betrachten. Für den Patienten selbst ist die Tiefenpsychologie weniger anstrengend, weshalb eine ambulante Behandlung gut durchgeführt werden kann.

Wie läuft eine tiefenpsychologisch fundierte Psychotherapie ab?

Während der kompletten Therapie sitzt der Patient dem Therapeuten gegenüber, sodass Blickkontakt aufgebaut werden kann. Die Tiefenpsychologie geht nach einem strikten Muster vor, um sich dem Problem sowie der Problemlösung langsam zu nähern. Es lassen sich folgende Schritte erkennen:

- Im ersten Schritt werden die Symptome erörtert sowie die damit in Verbindung stehenden Beziehungen und Erlebnisse eines Patienten. Auf dieser Basis erstellt der Psychologe dann eine Diagnose, die du übrigens auch für die Abrechnung mit deiner Krankenkasse benötigst.

- Anschließend folgt die Suche nach den genauen Ursachen. Wie du bereits weißt, liegen die Probleme, die dich derzeit in deinem privaten oder beruflichen Leben beeinträchtigen, meist weit in der Vergangenheit. Dabei geht der Therapeut gemeinsam mit dem Patienten rückwärts. Er beobachtet die Symptome, davon ausgehend die Verstärker und Auslöser und dann die Ursachen. Durch die Erzählungen des Patienten kann der Therapeut ein Muster an sich wiederholenden Verhaltensweisen erkennen. In diesem Zusammenhang ist auch die Interpretation von besonderer

Bedeutung, denn sie hilft bei der anschließenden Zielsetzung sowie der Behandlung an sich.

- Sind die Ursachen gefunden, müssen die Ziele festgelegt werden. Im Regelfall ist das für den Patienten die Beseitigung der Symptome. Für ein langfristiges Ergebnis wird bei der tiefenpsychologisch fundierten Psychotherapie allerdings auf die Heilung des Inneren Kindes hingearbeitet.

- Während der Therapie werden innere Konflikte sowie versteckte beziehungsweise unterdrückte Gefühle freigesetzt, die im Zusammenhang mit dem verletzten ungeliebten Inneren Kind stehen. Hierdurch kann der Betroffene sein Denk- und Verhaltensmuster besser verstehen.

- Am Ende einer Therapie wird der Patient auf das Leben danach vorbereitet. Er bekommt Werkzeuge zur Hand, die beim Bewältigen schwieriger Situationen helfen. Zudem wird an Ängsten oder Wut im Zusammenhang mit dem Therapieende gearbeitet. Im Regelfall haben betroffene Personen noch einige Monate nach der Therapie die Möglichkeit, sich jederzeit beim Therapeuten zu melden, falls ein Rückfall in alte Verhaltens- und Denkmuster zu erkennen ist.

Wie bei allen Therapieformen ist auch bei dieser Art der Behandlung ein gutes Vertrauensverhältnis zwischen dem Therapeuten und dem Patienten wichtig. Nur so wird es dem Betroffenen möglich sein, sich wirklich zu öffnen und über die eigenen Probleme zu sprechen. In Bezug auf die Heilung des Inneren Kindes kann die tiefenpsychologisch fundierte Psychotherapie sehr empfohlen werden.

Welche Probleme können im Zusammenhang mit der tiefenpsychologisch fundierten Psychotherapie auftreten?

Wie bei allen Therapieformen kann auch die Tiefenpsychologie an ihre Grenzen stoßen, wenn der Betroffene nicht bereit ist zu kooperieren. Vor allem auf die Interpretationen des Psychologen bezüglich Ursachen, Probleme, Auslöser und Verhaltensweisen wollen sich viele Menschen zunächst nicht einlassen. Dies ist aber ein wichtiger Baustein der Therapie, indem du deinem Therapeuten vertrauen musst. Natürlich kannst du deine konträren Meinungen und Einwände diesbezüglich kundtun, allerdings solltest du prinzipiell für die professionelle Einschätzung des Fachmanns offen sein. Gleichzeitig ist auch die Bereitschaft wichtig, den Blick in die Vergangenheit zu richten und diesen dann mit der Gegenwart zu verknüpfen.

Während der gesamten Therapie ist der Therapeut eher zurückhaltend. Die Tiefenpsychologie sieht als Kernpunkt den Patienten, der über Umfang, Thema und Ausrichtung sowie zeitliche Gestaltung der Behandlung entscheiden kann. Viele Menschen erwarten eine starke Führung und Orientierung während einer Therapie, die bei der Tiefenpsychologie eher nicht gegeben ist. Du solltest dich also darauf einstellen, dass du der Federführer bist und vom Therapeuten lediglich unterstützt wirst.

Schlusswort

Nun bist du am Ende dieses Arbeitsbuches zum Thema „Das Innere Kind" angekommen. Du hast eine Menge Informationen erhalten, die ich an dieser Stelle nochmals abschließend zusammenfassen möchte: Das Innere Kind wird in der Psychologie (anders als im Volksmund) als eine Art früheres „Selbst" angesehen, das Erfahrungen, Erinnerungen sowie unverarbeitete Gefühle nach wie vor mit sich herumschleppt. Geprägt wurde der Begriff von John Eliot Bradshaw, der in diesem Zusammenhang einen großen Beitrag zur dysfunktionalen Familie geleistet hat. Demnach kannst du ein geliebtes Inneres Kind und ein ungeliebtes Inneres Kind besitzen. Die Problematik mit dem ungeliebten Inneren Kind ist, dass es schlechte, einschränkende oder sogar traumatische Erfahrungen gesammelt hat und diese aufgrund der damaligen emotionalen sowie psychischen Unreife nicht verarbeiten konnte. Eine Reihe verschiedener Probleme bei Erwachsenen lässt sich auf das ungeliebte Innere Kind zurückführen. Zu den typischsten Erscheinungsformen zählen folgende:

- Blockaden und Ängste,

- Traumata und Phobien,

- Depressionen,

- negative Glaubenssätze,

- Beziehungsprobleme,

- Suchtverhalten.

Während es einigen Menschen im Laufe des Lebens selbst gelingt, mit den früheren Erfahrungen abzuschließen, müssen andere

Betroffene wiederum hart daran arbeiten. Prinzipiell gilt, dass du dich mit deinem Inneren Kind immer dann auseinandersetzen solltest, wenn du in irgendeiner Weise unzufrieden bist. Oft nehmen betroffene Personen zunächst nicht wahr, dass es sich um ein ungeliebtes Inneres Kind handelt, welches sie belastet. Durch drei einfache Schritte lassen sich die meisten Probleme in relativ kurzer Zeit lösen:

Die Kontaktaufnahme

Die Kontaktaufnahme wird meist am schwierigsten empfunden, denn du musst einen Zugang zu deinem Unterbewusstsein finden. Hierfür ist eine starke Selbstreflexion sowie die Beobachtung des eigenen Verhaltens und die Akzeptanz der eigenen Gefühle notwendig. Mit einigen Methoden, wie Hypnose oder Meditation, kannst du einen einfacheren Weg in dein Unterbewusstsein finden.

Die Heilung

Bei der Heilungsphase geht es darum, das verletzte Innere Kind in dir zu akzeptieren und mit ihm in Kontakt zu treten. Traumatische Erlebnisse, Gefühle und quälende Erinnerungen können so verarbeitet werden. Dein Inneres Kind muss lernen, dass du jetzt erwachsen bist und auf dich selbst achtgeben kannst. Du hast mittlerweile Möglichkeiten, dich selbst zu schützen, und kannst anders auf bestimmte Situationen reagieren, als das zu Kindheitstagen der Fall war.

Die Stärkung

Am Ende steht die Stärkung der neu erlernten Techniken und Erkenntnisse an. Deine Beziehung zum Inneren Kind wird ausgebaut, sodass es sich vollkommen auf dich verlassen kann und nicht mehr in Form von Fehlverhalten in Erscheinung treten muss.

Du lernst, wie du auch in schwierigen Situationen auf lange Sicht hin stark durchs Leben gehen kannst.

Professionelle Hilfe erhältst du bei Heilpraktikern, Psychologen, Psychotherapeuten sowie Psychiatern. Bei tiefsitzenden Traumata ist immer der Gang zum Facharzt angeraten, um unter Anleitung und Hilfestellung daran zu arbeiten. Abhängig von der Schwere des Ballastes, den du mit dir herumschleppst, kann eine stationäre oder ambulante Behandlung Abhilfe schaffen. Besonders gute Erfahrungen wurden mit der Ego-State-Therapie sowie der tiefenpsychologisch fundierten Terapie und der Psychoanalyse gemacht. Die Verhaltenstherapie kann bei vorwiegend oberflächlichen Ursachen gut angewendet werden, wobei dein Verhalten im Mittelpunkt steht und nicht die Auslöser.

Die Beschäftigung mit dem Inneren Kind ist für ein erfülltes, befreites und glückliches Leben unumgänglich. Ob du dies nun auf eigene Faust bewältigst oder aber mit der Hilfe eines Therapeuten, ist irrelevant – wichtig ist, dass du mit dir selbst und deinem früheren „Ich" in Einklang kommst und alte Wunden wirklich schließen kannst. Denn leider heilt die Zeit nicht alle Wunden, sondern nur die Fürsorge kann das.

> „Du hast deine Kindheit vergessen. Aus den Tiefen deiner Seele
> wirbt sie um dich. Sie wird dich so lange leiden lassen, bist du sie
> erhörst."
>
> – Hermann Hesse

Ich wünsche dir von ganzem Herzen viel Spaß und vor allem viel Erfolg auf deinem Weg hin zu deinem geliebten Inneren Kind. Ich wünsche dir, dass du deine negativen Erfahrungen und Emotionen bewältigen und anschließend deine Zukunft mit mehr Freude und Zuversicht gestalten kannst!

Quellenverzeichnis

https://www.psychomeda.de/lexikon/inneres-kind.html

https://de.wikipedia.org/wiki/Inneres_Kind

https://de.wikipedia.org/wiki/John_Bradshaw_(Theologe)#cite_ref-4

https://www.kinderzeit.de/news-detail-praxis/was-ist-das-innere-kind-eigentlich.html

https://www.bildderfrau.de/gesundheit/psychologie/article207165801/Das-Innere-Kind-was-ist-das.html

https://kurier.at/leben/psyche-wie-das-innere-kind-unsere-gefuehle-steuert/400556357

https://ineshammer.de/glaubenssaetze/

https://www.sinnsucher.de/blog/die-macht-der-negativen-glaubenssaetze

https://www.google.com/search?q=negative+glaubenss%C3%A4tze&client=safari&rls=en&tbm=isch&source=iu&ictx=1&fir=5Cv5km_bS3o4GM%253A%252C16et8B9FrEPIUM%252C_&vet=1&usg=AI4_-kQtH3HcZmS_jphflcvLPUPInltSdw&sa=X&ved=2ahUKEwik4_2Sr_zpAhUyx4UKHTBcCkUQ9QEwA3oECAoQGQ&biw=1113&bih=561#imgrc=5Cv5km_bS3o4GM:

https://zeitzuleben.de/negative-glaubenssaetze/

https://arbeits-abc.de/glaubenssaetze/

https://www.kikidan.com/nlp/glaubenssaetze-positive-und-negative/

https://alles-du.de/4-glaubenssaetze-und-deren-wirkung/

https://www.hppsych-demmel.de/behandlungsschwerpunkte/glaubenssätze/

https://www.resilienz-akademie.com/glaubenssaetze/

https://www.praxis-neuwinger.de/index.php/blog/113-glaubenssaetze

https://psychotherapie-hamburg.biz/erschoepfung-glaubenssaetze.html

https://nlp-trainings-tille.de/nlp-lexikon/glaubenssaetze-396/

https://www.clinicalsocialwork.com/egostate.html   (Foto John Goodrich Watkins)

https://de.wikipedia.org/wiki/John_Watkins_(Psychologe)

https://de.wikipedia.org/wiki/Ego-State-Therapie

https://www.eva-pollani.at/ego-state-therapie-wissen.html

https://hypnose.de/blog/ego-state-therapie-teile-tagung-2018/

https://www.aerzteblatt.de/archiv/156427/Ego-State-Therapie-Bis-ins-Detail-nachvollziehbar

https://www.lebenskarten.de/psychotherapie/ego-state-therapie/

https://www.netdoktor.de/therapien/psychotherapie/

https://www.praxis-zemann.de/warum-eine-therapie.html

https://alles-du.de/5-gruende-fuer-therapie-und-coaching/

https://www.psychotherapiesuche.de/pid/therapie

https://stille-staerken.de/ueber-stille-menschen/selektiver-mutismus/faq-was-ist-der-unterschied-zwischen-blockade-und-angst/

https://www.zalana-mentaltraining.de/themen/aengste/

https://www.karstenwolf.com/therapie/psychotherapie/psychoanalyse

https://www.apotheken-umschau.de/Psychoanalyse

https://de.wikipedia.org/wiki/Analytische_Psychotherapie

https://www.netdoktor.de/therapien/psychotherapie/psychoanalyse/

https://www.aerzteblatt.de/archiv/152828/Psychoanalytische-Psychotherapie-Bedrohliches-Uebertragungschaos

https://www.planet-wissen.de/gesellschaft/psychologie/psychotherapie/sigmund-freud-108.html

https://www.netdoktor.de/therapien/psychotherapie/verhaltenstherapie/

https://www.therapie.de/psyche/info/index/therapie/verhaltenstherapie/

https://www.netdoktor.de/therapien/psychotherapie/tiefenpsychologisch-fundierte-psychotherapie/

https://www.therapie.de/psyche/info/index/therapie/tiefenpsychologisch-fundierte-psychotherapie/

https://www.safety-energetics.de/blog/dein-inneres-kind-heilen-diese-5-uebungen-solltest-du-regelmaessig-durchfuehren/

https://de.wikipedia.org/wiki/Meditation

https://www.fitforfun.de/gesundheit/meditation-ruhe-da-oben_aid_13541.html

https://de.wikipedia.org/wiki/Hypnose

https://hypnose.de/blog/selbsthypnose-lernen/

https://www.safety-energetics.de/blog/inneres-kind-troesten/

https://www.corinnamariapfitzer.com/wie-der-kontakt-zum-inneren-kind-deine-lebensfreude-im-alltag-staerkt/

https://www.neurologen-und-psychiater-im-netz.org/psychiatrie-psychosomatik-psychotherapie/stoerungen-erkrankungen/depressionen/krankheitsbild/

Empfehlungen

Ein Thema, das dem des Inneren Kindes sehr nahesteht, ist die Selbstfindung. Im Falle, dass du dich auch für das Thema der Selbstfindung interessierst, empfehlen wir dir den folgenden Ratgeber:

https://www.amazon.de/dp/B087D7H8VV

Den Ratgeber findest du auf Amazon unter dem Link direkt unter dem Buchcover oder durch Eingabe des Buchtitels: **„Selbstfindung: Der umfassende Ratgeber zum Thema Selbstfindung und Selbstverwirklichung"** im Amazon-Suchfeld.

Haftungsausschluss

Der Inhalt dieses E-Books wurde mit großer Sorgfalt geprüft und erstellt. Für die Vollständigkeit, Richtigkeit und Aktualität der Inhalte kann jedoch keine Garantie oder Gewähr übernommen werden. Der Inhalt dieses E-Books repräsentiert die persönliche Erfahrung und Meinung des Autors und dient nur dem Unterhaltungszweck. Es wird keine juristische Verantwortung oder Haftung für Schäden übernommen, die durch kontraproduktive Ausübung oder durch Fehler des Lesers entstehen. Es kann auch keine Garantie für Erfolg übernommen werden. Der Autor übernimmt daher keine Verantwortung für das Nicht-Erreichen der im Buch beschriebenen Ziele. Dieses E-Book enthält Links zu anderen Webseiten. Auf den Inhalt dieser Webseiten haben wir keinen Einfluss. Deshalb kann für diese Inhalte auch kein Gewähr übernommen werden. Für die Inhalte der verlinkten Seiten ist der jeweilige Anbieter oder Betreiber der Seite verantwortlich. Rechtswidrige Inhalte konnten zum Zeitpunkt der Verlinkung nicht festgestellt werden.

Impressum

Dennis Walter
Malterstraße 19
56070 Koblenz
dw312@web.de
1. Auflage 2020